Fazendo e Mantendo
Amizades por toda a Vida

COMO SER UM MELHOR AMIGO PARA SEMPRE

DR. JOHN TOWNSEND

COMO SER UM
MELHOR AMIGO
PARA SEMPRE

Fazendo e Mantendo
Amizades por toda a Vida

COMO SER UM MELHOR AMIGO PARA SEMPRE

DR. JOHN TOWNSEND

Traduzido por Ana Paula Pinheiro

1ª Edição

CPAD

Rio de Janeiro
2013

Título do original em inglês: *How to Be a Best Friend Forever*
Worthy Publishing, Brentwood, Tennessee, EUA
Primeira edição em inglês: 2011
Tradução: Ana Paula Pinheiro

Preparação dos originais: Ana Paula Nogueira
Revisão: Verônica Araujo e Daniele Pereira
Adaptação de capa: Wagner Almeida
Adaptação de projeto gráfico e editoração: Elisangela Santos

CDD: 248 - Vida Cristã
ISBN: 978-85-263-1088-9

As citações bíblicas foram extraídas da versão Almeida Revista e Corrigida, edição de 1995, da Sociedade Bíblica do Brasil, salvo indicação em contrário.

Para maiores informações sobre livros, revistas, periódicos e os últimos lançamentos da CPAD, visite nosso site: http://www.cpad.com.br.

SAC — Serviço de Atendimento ao Cliente: 0800-021-7373

Casa Publicadora das Assembleias de Deus
Av. Brasil, 34.401, Bangu, Rio de Janeiro – RJ
CEP 21.852-002

1ª edição: Julho/2013

Dedicatória

A todos que acreditam que ter
melhores amigos para sempre é valioso na vida.

Agradecimentos

Sealy Yates, meu agente literário. Meu profundo agradecimento pelo seu envolvimento em vários aspectos deste livro.

Byron Williamson, editor da Worthy Publishing.* Obrigado por sua criativa e inesgotável energia e amizade.

Jeana Ledbetter, vice-presidente editorial da Worthy Publishing. Um livro é sempre melhor quando você participa dele.

Rob Birkhead, vice-presidente sênior de marketing da Worthy Publishing. Seu excelente trabalho gráfico e artístico é transformador para o conteúdo.

Kris Bearss, editora executiva da Worthy Publishing. Sua supervisão foi um grande e positivo diferencial.

Angela Scheff, minha editora. Obrigado por todas as horas de ajuda na elaboração das ideias, dando condição de atrair e ajudar os leitores.

Barbi, minha esposa. Obrigado por passar tanto tempo concebendo junto comigo este material.

---

* **N. do T.:** Editora americana sediada no Tennessee, Estados Unidos da América.

Sumário

Introdução

Cordas de Segurança

Recentemente estava almoçando com alguns amigos quando o assunto da conversa foi amizade. Eu havia pesquisado sobre esse tema por um tempo, então fiz uma pergunta: "Quão importante seus melhores amigos têm sido para vocês?" De modo informal eu simplesmente buscava coletar algumas informações. Houve um breve silêncio antes de darem as seguintes ideias relativas aos amigos:

- Eles têm sido um lugar seguro onde posso ser eu mesmo;
- São umas das poucas pessoas que me fazem sentir confortável;
- Eles são os únicos que eu procuro quando preciso de uma ajuda;
- Conhecem e aceitam tudo de mim;
- Têm estado comigo durante os anos de casamento e criação de filhos;

- Encontrei Deus de modo profundo através desses relacionamentos;
- Eles me ajudam nos momentos difíceis;
- Tornam minha vida mais relevante.

As respostas foram cuidadosas e positivas — e bastante previsíveis. Com certeza representam o que muitos de nós diríamos sobre nossas amizades mais próximas. Então, uma mulher, que eu não conhecia e que tinha ficado calada até aquele momento, disse: "Eu provavelmente não estaria aqui sem eles".

Eu senti algo diferente no que ela disse e perguntei: "Você quer dizer que provavelmente não estaria onde está hoje na vida, é isso?"

Ela olhou diretamente para mim: "Não. Eu provavelmente não estaria aqui. *Aqui*, aqui. Na terra".

Senti que o nível da conversa modificara, já que ninguém havia previsto essa resposta. Nós estávamos em uma situação completamente diferente do que havíamos pensado. Rachel, que havia falado, não era alguém que você pudesse pensar que estivesse em uma crise ou experimentando uma situação traumática. Com seus quarenta e poucos anos, era uma profissional, casada e com dois filhos.

Então, pedi que compartilhasse sua história conosco. Ela nos contou acerca dos anos de dolorosas lutas: os abusos sofridos na infância, o pesadelo do primeiro casamento e, a mais difícil de todas, a morte de um de seus filhos. Este último evento, disse ela, quase lhe consumiu. Quando lhe perguntei como havia conseguido passar por todas essas tão grandes perdas, ela respondeu: "Deus e três amigos". Deus lhe sustentara e guiara pelos tão negros anos, e três amigos — três *melhores amigos* — estiveram com ela de várias maneiras: eles ouviram-na, sustentaram-na, ficaram com ela no hospital durante a doença do seu filho, deixaram-na sentir o que precisava em relação à sua vida, deram-lhe dinheiro quando ficou sem emprego, levaram-na para a igreja e para o consultório do seu terapeuta quando mal se movia. "Isso é o que significa quando digo que sem eles eu provavelmente não estaria aqui", nos disse Rachel.

Mais vital do que você possa imaginar

Iniciei com essa história porque ela ilustra um problema que temos em nossas melhores relações de amizade. A palavra *amigos* tem de algum modo perdido seu significado e poder. Tem sido diluída. Amigos, especialmente melhores amigos, têm sido definidos como algo corriqueiro, uma relação simples, vista como se disséssemos: "decidimos ficar aqui essa tarde e assistir a algumas reprises de filmes com você". Não há nada de errado nisso, como também pode ser uma boa atividade. Ou então, as amizades podem parecer algo confortável, seguro e não mais do que isso. Mas Rachel não via desse modo e eu concordo com ela. Ela via seus melhores amigos como cordas de segurança.*Seus três amigos não apenas lhe socorreram e encorajaram, eles foram fundamentais, foram sua fonte de sobrevivência. Acho que é mais do que pensamos sobre amizades: pessoas que procuramos com nossos sonhos mais profundos, necessidades e questionamentos, e que são cordas de segurança para nós, elas nos trazem vida.

Como trabalho com pessoas e organizações, tenho notado vários motivos que contribuem para que poder e o significado da *amizade* estejam atualmente diluídos. Uma delas é que muitas pessoas ficam simplesmente isoladas e, mesmo que queiram relacionamentos mais próximos, aprendem a viver sem eles. Isso pode ser motivado por problemas de falta de confiança ou por relacionamentos sofríveis no passado, mas qualquer que seja o motivo, elas estão sozinhas mesmo que rodeadas por outras pessoas. Outras não têm consciência de suas necessidades mais

* **N. do T.:** Um dos equipamentos utilizados em alpinismos, resgates e outros e que auxiliam na sustentação e locomoção da pessoa que o utiliza.

profundas. É suficiente ter no dia a dia apenas conversas agradáveis e positivas com os outros e nada mais. Sentem-se mal por aqueles que se esforçam em se relacionar com elas, mas ainda não viveram o período da "noite escura na alma" ou épocas de grandes celebrações que lhes dessem a necessidade do compartilhar com os outros. Algumas pessoas simplesmente não têm a competência ou as habilidades necessárias para aprofundar um relacionamento. Ainda há outros que colocam toda sua energia em ser amigo quase que exclusivamente no sexo oposto, em um namoro ou casamento, e têm dificuldades de viver outro nível de relacionamento fraternal, não romântico. Estão presos no mundo de um casal, onde podem ser excluídos outros melhores amigos. Somado a isso, algumas pessoas têm dificuldade de dar abertura a alguém que não seja um familiar mais próximo. Amigos que não sejam da família não conseguem fazer parte do círculo mais íntimo. Há ainda outras razões, mas quaisquer que sejam, amigos — especialmente melhores amigos — não lhes trazem o que realmente era para ser trazido.

Jesus via os amigos como essenciais, o que muitas vezes não entendemos. Ele modificou muitas coisas ao dizer a seus discípulos que iria deixar de lhes chamar de servos: "Já vos não chamarei servos, porque o servo não sabe o que faz o seu senhor, mas tenho-vos chamado amigos, porque tudo quanto ouvi de meu Pai vos tenho feito conhecer" (Jo 15.15). Com isso fez distinção entre dois tipos de relacionamentos: servos e amigos. Você ordena ao servo mas dá crédito ao amigo. Em um almoço você diz ao garçom que lhe dê um pouco mais de café e ele traz. Mas você diz ao amigo que precisa de mais café, pois não dormiu o suficiente na noite passada por causa do seu filho doente em casa. Você deixa seu amigo saber o que está acontecendo em sua vida.

Além disso, no final da vida de Jesus, durante seu momento de profunda dificuldade e angústia quando estava orando no Getsêmani, convidou seus três amigos mais próximos — Pedro, Tiago e João — para ficarem vigiando com Ele (Mc 14.32-34). Imagine! O próprio Deus pedindo que três amigos lhe dessem suporte! Jesus parece tão dependente e, por isso, "não menos espiritual". O que se esperava é que Ele apenas olhasse para o seu Pai celestial em busca de apoio. Mas a verdade é que Jesus evidenciou a necessidade da ligação entre o divino e o humano.

Penso que muitos de nós estamos falhando com nossos melhores amigos hoje em dia. Estamos do lado mais seguro das coisas e não do lado de Rachel. Espero que este livro lhe ajude a tirar o máximo proveito do que está disponível à você. Pois quando se tem poucos, mas reais, melhores amigos e se sabe como agir em relação a eles, a vida pode ter um significado melhor, pleno e rico.

Frequentemente não temos tempo e energia para ter muitos melhores amigos na vida, então vale a pena saber como torná-los importantes. (E quando as pessoas disserem "Eu tenho muitos melhores amigos!", será um sinal de que alguém não está familiarizado com verdadeiros e profundos relacionamentos).

Há muitos exemplos de relacionamentos de amizades famosos, tanto no passado como atualmente: Davi e Jônatas, Franklin Roosevelt e Winston Churchill, C. S. Lewis e J. R. R. Tolkien, Frank Sinatra e Dean Martin, Matt Damon e Bem Affleck, Oprah Winfrey e Gayle King. Ficamos fascinados com a dinâmica desses relacionamentos, em parte por serem pessoas conhecidas e também por querermos relacionamentos duradouros e seguros como estes.

Potencial não utilizado

Muitos de nós ainda não alcançamos os níveis mais altos de benefícios que nossas amizades podem oferecer. Você pode encontrar muito calor, compreensão, incentivo e compartilhar experiências de vida com seus melhores amigos, mas creio que para a maioria de nós exista a mesma riqueza, crescimento e realização. Pense em todas as áreas importantes de sua vida e como você tem sido cuidadoso em relação ao seu crescimento e provisão:

- Atividades físicas para o seu corpo;

- Uma igreja para sua vida espiritual;
- Formação acadêmica para sua carreira;
- Seminários sobre casamento para você e seu cônjuge;
- Seminários para pais à sua família;
- Conhecimento financeiro para lidar com o dinheiro;
- Aulas de esportes e *hobbies*.

No entanto, não damos muita importância em dar mais atenção deliberadamente às nossas amizades. Não somos propensos a focar em nossos melhores amigos e em melhorar ainda mais essas relações. Por um momento pense nas poucas pessoas de sua lista de melhores amigos e faça essas duas perguntas a si mesmo:

1. *Se esse é um bom relacionamento, valeria a pena explorá-lo um pouco mais e torná-lo melhor?* Se você gosta da pessoa e é atraído a estar próximo dela, por que não? Vocês são melhores amigos por alguma razão. Há coisas boas que vocês compartilham enquanto caminham no viver. Por que não mais e melhor?

2. *Existem áreas específicas da vida em que eu e meus melhores amigos poderíamos melhorar em relação ao outro?* Algumas amizades tendem a ser relacionamentos específicos. Ou seja, a atenção é dada mais no âmbito dos pais, do casamento ou do namoro, não se aprofundando na saúde física, na família de origem, nos valores espirituais ou nas finanças. Embora cada amigo tenha sua "área" específica, pode haver outras não exploradas no relacionamento.

Apliquei esses questionamentos às minhas próprias amizades e tenho notado excelentes resultados ao adotar os princípios que tenho aprendido.

Recentemente almocei com um amigo, em que dissemos como éramos importantes um para o outro de várias maneiras. Eu acho que nós dois tínhamos ciência disso, mas nunca havíamos deixado isso claro. Saímos daquele encontro com um profundo sentimento de que "essa pessoa se importa comigo". Essa conversa nos ajudou a usar mais o potencial de nossa relação.

O mais próximo a esse tipo de pensamento está na esfera romântica de nossas vidas — casamento e namoro — que possui muitas pesquisas e princípios que são úteis para que possa ser construída a intimidade, a comunicação e a intensidade dentro deles. Embora o mundo romântico possa lhe oferecer um relacionamento íntimo de amizade, ele é apenas com uma pessoa. O círculo da amizade deve ser composto de várias pessoas e, é claro, incluir seu companheiro ou sua companheira. Esse círculo tem seus próprios pensamentos e princípios que você encontrará neste livro, podendo enriquecer e satisfazer seus relacionamentos de modo único.

Uma necessidade

Você provavelmente tem um casamento ou namoro sadios. Não importa qual seja a situação que você esteja, as pesquisas continuam concluindo que *todos os aspectos de nossas vidas são profundamente afetados pela presença ou não de amigos*. Amigos são muito mais do que um luxo ou um glacê sobre o bolo. Eles são uma necessidade.

Pesquisadores têm estudado os efeitos do isolamento social desde os anos 70 e as evidências são esmagadoras. Eles descobriram que quando as pessoas evitam relacionamentos, suas condições de saúde física e psicológica são sofríveis.[1] As amizades afetam até nossas finanças. Um recente estudo feito em longo prazo concluiu que se você fosse considerado um amigo íntimo por alguém durante o Ensino Médio, provavelmente você teria um acréscimo de 2% em seu rendimento na vida. Esse estudo também descobriu um efeito multiplicador: se fosse considerado um amigo íntimo por cinco pessoas teria um acréscimo equivalente a 10% no salário.[2]

Esses dados científicos confirmam o que a Bíblia diz:

> "É melhor ter companhia do que estar sozinho, porque maior é a recompensa do trabalho de duas pessoas. Se um cair, o amigo pode ajudá-lo a levantar-se. Mas pobre do homem que cai e não tem quem o ajude a levantar-se! E se dois dormirem juntos, vão manter-se aquecidos. Como, porém, manter-se aquecido sozinho? Um homem sozinho pode ser vencido, mas dois conseguem defender-se. Um cordão de três dobras não se rompe com facilidade" (Ec 4.9-12, NVI).

Pode haver associação no "cair" na vida e não ter alguém próximo, de confiança, para poder falar sobre isso? Quando caímos sozinhos temos que fazer muito mais força para levantar e voltar a viver novamente.

Origem e propósito das amizades

As amizades são atualmente uma parte essencial no desenvolvimento infantil. As crianças não iniciam a vida procurando por companheiros, elas vêm ao mundo procurando um sistema de cordas de segurança chamado "Mãe". Este é o primeiro e mais primário relacionamento, em que elas começam a aprender como se relacionar, confiar e se aproximar. Isso lhes prepara para todos os outros relacionamentos. Elas acham que esse é o melhor lugar para se ficar e a vida corre bem quando isso acontece. Em seguida elas são capazes de se relacionar com o pai e depois com seus irmãos.

Após isso, entre os quatro e onze anos, as crianças vão gradualmente ficando mais e mais interessadas e envolvidas com outras amizades.

As experiências anteriores com a família lhe dão disposição para viver essas primeiras amizades e a se aventurar na sociedade, que faz parte do processo do "deixar e unir" designado por Deus (leia Gênesis 2.24). Isso é o que acontece quando florescem as relações na escola, nos esportes, nas artes e na igreja.

Os relacionamentos sociais da criança frequentemente começam a competir com a família e os pais precisam estabelecer limites apropriados à idade para manter o equilíbrio. É comum os pais pensarem que suas crianças não veem mais o lar como um lugar especial. Mas se a casa tem uma boa base, é calorosa e um lugar estruturado, com frequência é um sinal de que a família tem feito um bom trabalho.

A "explosão das amizades", então, abre espaço para os interesses românticos e púberes. Nessa fase há certa confusão para integrar os relacionamentos românticos com as amizades com pessoas do mesmo sexo e do sexo oposto, o que se mantém até os vinte anos. Tudo isso ajuda o jovem a se preparar para, quando finalmente estiver crescido, estabelecer maduros sistemas de apoio, namoro, casamento e criação de filhos. O resultado final é uma mistura saudável de relacionamentos românticos e não românticos que fornecem a união e o crescimento de que precisamos.

Esse processo inteiro é uma mudança no centro de nossas vidas, em que passamos a denominar de nossa "família" nossos próprios amigos e novos familiares. Como parte desse "sair e unir", os amigos são cada vez mais fontes de amor, atenção, direção e interesse. A família de origem, se for amorosa e saudável, faz parte disso, mas não pode mais ser o centro. Esse é o grande desígnio: deixar que o jovem abra suas asas a partir do que aprendeu com seus familiares e aplique em sua nova vida. Nesse sentido, amigos são nossa "segunda família". Eles dão continuidade ao progresso e desenvolvimento à medida que amadurecemos: emocional, relacional, espiritual e profissionalmente. Também fornecem os ingredientes de crescimento que possam ter faltado em nossa família de origem ou nos ajudam no processo de cura das feridas.

Jesus se refere à segunda família em sua própria vida:

> "Então chegaram a mãe e os irmãos de Jesus. Ficando do lado de fora, mandaram alguém chamá-lo. Havia muita gente assentada ao seu redor; e lhe disseram: "Tua mãe e teus irmãos estão lá fora e te procuram". "Quem é minha mãe, e quem são meus irmãos?", perguntou Ele. Então olhou para os que estavam assentados ao seu redor e disse: "Aqui estão minha mãe e meus irmãos! Quem faz a vontade de Deus, este é meu irmão, minha irmã e minha mãe"" (Mc 3.31-35, NVI).

Em outras palavras, aqueles que profundamente compartilham tais valores com Deus, são a família de que precisamos quando adultos. Amigos se tornam família.

Fui facilitador de um pequeno grupo de pessoas que queria ir mais fundo em seus relacionamentos: consigo mesmo, com Deus e com os outros. Foi um momento de vulneráveis e íntimas experiências, em que os membros se arriscaram em aprofundar a amizade que não tinham antes. Depois de vários meses de encontros, fiz algumas perguntas para saber como o grupo estava. Um dos membros disse:

> "Assim é que o Corpo de Cristo deveria funcionar".

Enquanto conversávamos, percebi que ela estava se referindo à "uns aos outros" que o Novo Testamento nos ensina e como isso deveria ser norma em nossas melhores relações: sermos dedicados, honrar, viver em harmonia, não julgar antecipadamente, aceitar, sermos pacientes, perdoar, ensinar e admoestar, incentivarmos o amor e as boas obras e, de coração, profundamente amar. Assim é que as amizades deveriam ser. Assim é que em uma família deveria ser.

Enquanto escrevo este livro, nossos filhos estão entrando na faculdade. Minha esposa Barbi e eu temos que persistir em compreender que nossos filhos estão mais e mais se distanciando, sendo mais orientados pelos amigos do que por nós. Ainda estamos ligados aos nossos filhos, mas é claro que a energia está sendo gasta "do lado de fora", onde precisa estar.

Do mesmo modo, como um conferencista sobre relacionamentos, tenho o privilégio de falar com pais que têm abraçado essa nova função em relação aos seus filhos adultos. Embora eles sempre sejam a Mãe e o Pai e compartilhem de toda história, amor e honra que isso acarreta, eles têm que aceitar que não são mais o centro na vida de seus filhos e, por assim ser, têm que se mover para o lado. Isso não é fácil e cada pai deve lutar contra a necessidade de manter seus filhos adolescentes e adultos vinculados apenas dentro da família. Nós temos que deixá-los ir, pois só assim eles poderão ter grandes amigos, assim como nós devemos ter os nossos, em nossas próprias vidas. E eles estarão aprendendo como ser bons amigos a partir dos princípios que eles tiveram em casa.

Sendo um bom amigo

Como psicólogo e especialista em relacionamentos, tenho observado as relações das pessoas entre si por muitos anos, e descobri alguns princípios que irão melhorar qualquer relacionamento entre melhores amigos. Em minha própria vida tenho encontrado esses mesmos princípios em ação. Sou afortunado por ter meu grupo de amigos fiéis, que estão comigo há anos e têm caminhado ao meu lado. Não consigo imaginar enfrentar o mundo sem eles, por isso sou muito agradecido a Deus.

Há pouco tempo eu perguntei a alguns dos meus amigos mais próximos se poderíamos realizar uma "auditoria na amizade" e conversar acerca dela. No início foi meio estranho, principalmente para algumas pessoas que eu conheço há vários anos. Como modificar uma pergunta de "Como vai a vida?" para "Como estamos?" Não tem como ser feito de modo suave, por isso evitamos. E eu fiquei feliz por não termos evitado.

Cada amigo com quem conversei me relatou que sempre se sentiu próximo de mim e tinha melhorado com a relação, como eu também. Um deles disse que ficou claro o que sempre fomos um para o outro em tempos bons e ruins. Outro reconheceu que acreditamos no que vemos de bom um no outro. E o respeito mútuo foi algo importante no relacionamento para um deles.

As coisas boas entre nós ultrapassaram as ruins, o que faz sentido para vários relacionamentos íntimos. Mas isso não significa que no todo foram apenas afirmações e rosas. Um amigo disse: "Eu tinha acomodado as expectativas relativas a nós em um plano inferior". Foi o modo mais suave dele dizer que eu tinha acertado em tomar a iniciativa de manter contato. Ele estava certo! Havia deixado que ele tivesse a maior parte do trabalho e fiquei com remorsos quando mencionou isso. Odiei saber que alguém que eu valorizava tanto estivesse se sentindo assim. Quando um amigo próximo nos mostra uma realidade dessas, provoca um impacto profundo. Eu lhe disse que gostaria de modificar essa situação e que queria ser um amigo melhor. Outro disse: "Muitas vezes eu hesitei em chamá-lo de modo inesperado por perceber que estava realmente ocupado". Há algo em comum entre essas duas conversas: o fato de muitas vezes eu ficar preso ao que estou fazendo e não dar a devida atenção aos amigos quando ligam.

Discutimos, então, se eu deixei clara a impressão de "não disponível" ou se eles tiveram dificuldades de se arriscar em insistir, mesmo sem sucesso, quando eu dizia "Não posso falar agora". Concordamos que mesmo quando estou ocupado, preciso de um amigo na minha vida, e se ele me ligar, devo atender. Se eu não puder falar ou me encontrar com ele em seguida, ao menos deixarei transparecer a certeza de que em breve isso pode acontecer.

Foi importante notar esse meu padrão em ser pouco acessível aos meus amigos em relação ao que realmente gostaria de ser. Se algumas pessoas em quem você confia lhe dizem algo similar a isso, fique atento, é uma informação valiosa. Desde que tive essas respostas, tenho tirado um tempo para refletir profundamente sobre esse meu comportamento e tenho procurado mudar, para que as coisas melhorem. É bom saber que tenho amigos nos quais posso confiar, que me dirão se estou mudando ou não!

Eu realmente valorizo meus amigos, necessito deles em minha vida. Um provérbio russo diz: "Diga-me quem são seus amigos e eu lhe direi quem você é". Espero que este livro, e as ideias nele contidas, possam lhe ajudar a saber mais sobre quem você é, e que melhore o seu relacionamento com os seus melhores amigos.

1

Amigos, Melhores Amigos e Melhores Amigos para Sempre

Uma amizade deve trazer valores para sua vida: confiança, companheirismo e, por exemplo, compartilhar experiências. Mas também lhe custam alguns outros: tempo, energia e comprometimento. Até mesmo uma simples amizade (coleguismo) exige algum esforço e dedicação. De acordo com a energia gasta em se envolver, temos a pergunta: Será que todos os melhores amigos também podem ser melhores amigos para sempre? Penso que sim. Depende de como estão nossas vidas e circunstâncias. Poucas coisas nesta vida durarão para sempre. Mas esse "para sempre" nesse pequeno título faz mais do que dizer que melhores amigos estão abertos em relação ao tempo, não dando ao relacionamento uma data de expiração.

Se soubéssemos que vamos mudar para outra cidade dentro de um ano, reconhecemos que, mesmo sendo possível, vai ser difícil se envolver profundamente com alguém que viva lá. Portanto, quanto mais você se envolver e explorar os seus relacionamentos, provavelmente você será um melhor amigo para sempre.

AMIGOS

Entendamos um pouco mais sobre esse termo. Um amigo certa vez me disse: "Conheço muitas pessoas que se tornam melhores amigos de outras que conhecem a menos de uma semana, tem algo estranho nisso". Tal fato geralmente ocorre por falta de informação, uma crise ou por desespero, não sendo o modo como definimos amizade. Devemos guardar nossos corações (Pv 4.23) e despender nosso tempo e energia tendo a certeza de que mantemos em nossa vida e coração realmente quem mereça estar ali. Melhor amigo é um tipo de amigo, por isso é importante compreender o que significa "melhor" nessa expressão.

"Amigo" é um termo notavelmente popular e amplo. Quando você lê algumas revistas ou pesquisa essa palavra, é difícil ter uma real conceituação. A maioria das descrições é tanto genérica como muito frívola:

- Alguém que compartilha a vida com você;
- Uma pessoa que lhe aceita como é;
- Um indivíduo a quem você pode pedir para fazer qualquer coisa;
- Alguém que você procura para poder sentar-se ao lado e falar sobre o que tem que fazer, como também de suas alegrias e lutas.

Descrevem, mas não identificam a essência da amizade de modo que fique claro o que ela é ou não é.

Depois de passar um tempo pesquisando sobre esse tópico, cheguei à conclusão de que, essencialmente, a amizade deve ter três elementos: *conhecimento*, *preferência* e *presença*. Isso parece simples, mas eles são os três principais componentes universais nas amizades, com vizinhos e até nos relacionamentos na igreja e contatos no trabalho.

1. *Conhecimento.* Você tem informações objetivas e experiências com a pessoa. Você sabe onde ela mora, quem são seus familiares, no que ela trabalha, seus passatempos, sua fé. Em um nível mais pessoal, talvez conheça até sua história, seus gostos e desgostos, seus sonhos e dores. *Conhecimento* estabelece a base para reconhecer se essa relação será ou não uma amizade, o quão profundo ela poderá ser. Até mesmo o que for assustador e maléfico é necessário ser conhecido.

2. *Preferência.* Você deseja passar tempo com essa pessoa. São atraídos pela presença um do outro. No decorrer da vida, sendo boa ou ruim, você quer que ela saiba e também quer saber sobre a vida dela. Você não precisa fazer uma ligação ou uma visita por obrigação porque ela é boa para você. Tem mais a ver com *querer* e não com *ter que.* A *preferência* auxilia quando você está em conflito ou tendo problemas no relacionamento, ela serve como um anestésico para superar as dificuldades. E se você não gosta de alguém, é difícil chamar essa relação de amizade. É um dever, uma questão ética ou qualquer outra obrigação, mas não uma amizade.

3. *Presença.* Amigos passam tempo juntos. É assim que o *conhecimento* e a *preferência* acontecem. Pode ser por um telefonema, em um almoço, um fim de tarde juntos, uma volta de bicicleta, umas férias. Mas tempo juntos é essencial. Quando duas pessoas passam mais tempo juntas, melhoram o relacionamento. É um comprometimento mútuo estar um com o outro e vocês se alegram em pagar o preço por esse benefício. Às vezes as pessoas mudam e não têm como se encontrar tanto, mas isso não significa que elas não possam ser amigas, só porque os encontros serão mais difíceis. Se

antes da mudança tiveram o cuidado de passar bastante tempo juntas, como se estivessem fazendo depósitos em uma conta de investimentos, o vínculo será mais fácil de ser mantido.

Pense em seus melhores amigos agora. Provavelmente você conseguirá reconhecer esses três componentes, mesmo que em diferentes quantidades. Eles são a base que definem um amigo, como também um melhor amigo.

Melhores amigos

Agora, para os seus melhores amigos há uma categoria especial. Se uma amizade existe quando alguém tem acesso à informação de quem é você, os melhores amigos são quando você *entrega a chave do seu cofre*. Significa que você deixa essa pessoa lhe conhecer em um nível mais profundo e transparente. Você a convida para o que lhe é mais importante:

- Seus sonhos;
- Sua visão sobre a vida;
- Seus sentimentos;
- Seus valores fundamentais;
- Suas fortalezas;
- Suas feridas;
- Seus segredos;
- Seus pecados;
- Seus erros;

- Seu passado;
- Suas dores de cabeça.

Não é fácil deixar outras pessoas saberem dessas coisas. Mas isso é essencial para que se tenham amigos íntimos. Abrir mão da chave do cofre significa que você está dizendo, essencialmente, *eu confio minha vida a você. Seja um lugar seguro para mim e também me ajude a ser uma pessoa melhor*. Assim como o cofre de um banco guarda investimentos preciosos, o seu cofre pessoal é algo que deve ser preservado em segurança, sem condenação, e ao longo do tempo ser cada vez mais rico.

Um dos meus amigos foi assistente de uma equipe técnica que liderava um time profissional. Ele se inscreveu com o intento de crescer profissionalmente. Não conhecia ninguém da equipe, portanto a maior parte do tempo que passava com os seus membros era gasto para que se unissem de verdade e desafiassem uns aos outros à excelência. Com o passar dos meses, começou a desenvolver um relacionamento com essas pessoas e junto com sua esposa puderam ir a um jantar com outros membros e suas respectivas esposas. O grupo passou a ser o seu círculo de amizade, como se fossem amigos íntimos.

Ele não esperava nem tinha planejado que isso acontecesse. Mas o comprometimento mútuo levou-o à criação dessa atmosfera de conhecimento, preferência e presença. O mesmo acontece todos os dias quando amizades casuais acontecem em pequenos grupos e, especialmente, em grupos que compartilham o mesmo passatempo e interesses.

O melhor amigo, então, não é alguém que possui alguma qualidade especial, misteriosa ou insondável que ninguém mais tenha. Pelo contrário, é alguém que se tornou prioritário e que você pessoalmente investirá. Você vai notar que quer conhecer essa pessoa até mesmo em níveis mais profundos. Vai encontrar um grande e profundo poço de amor por ela dentro de você e vai se tornar intensamente leal e protetor quando estiverem juntos, pois isso é vital para ambos. É desse modo que tem que ser, o melhor caminho que se deve seguir.

Melhores amigos para sempre

Como sabemos que um melhor amigo se torna um melhor amigo para sempre? Quando usamos o termo "para sempre" queremos dizer: "Eu não vejo fim para esse relacionamento". Isso acontece quando alguém é tão importante e especial para mim que está no meu Hall da Fama. Essa é uma pessoa que eu desejo que seja parte da minha vida. Quero permanentemente em mim suas impressões, sua marca, suas feições, elas são significativas para mim.

Um ou vários?

Há espaço para apenas um melhor amigo ou pode caber mais de um? Algumas pessoas acreditam que esse é um tipo de acordo entre duas pessoas apenas, que melhor amigo significa um número único de amigo. Podemos ter amigos próximos. "Melhor" simplesmente indica que em alguns relacionamentos o seu comprometimento se aprofunda em sua vida. O mesmo ocorre com melhores filmes, restaurantes e times.

Também é verdade que precisamos de mais de uma pessoa para poder realçar a qualidade de nossas vidas e relacionamentos. Diferentes amigos possuem diferentes características e nos oferecem diferentes qualidades. A variedade é um benefício. É uma boa ideia ser capaz de ter várias pessoas a quem possamos chamar "meus melhores amigos" e procurar essa condição.

Uma mulher que eu aconselhava começou a dar mais atenção às suas amizades, vendo a grande diferença de qualidade que faziam em sua vida. Ela descobriu que uma das melhores amigas tinha a habilidade de expor quem ela era, deixando-a vulnerável e indo fundo em suas áreas emocionais. Amava e era muito importante ver o quanto sua amiga era capaz de estar ali por ela. Ao mesmo tempo, no entanto, ela tinha outra amiga que lhe mostrava seu amor e cuidado de modo prático: aconselhava, trazia boas ideias, ajudava financeiramente e dava sugestões. Suas conversas eram por razões diferentes, mas tinham seu valor assim mesmo. "Melhor amigo" é, portanto, um termo plural.

Masculino ou feminino?

E quanto a amizades com o sexo oposto? Essa é uma grande questão. Muitas pessoas têm a preocupação de que relacionamentos próximos com o sexo oposto são muito perigosos, por causa da possibilidade de uma intimidade emocional terminar em um relacionamento sexual. Portanto, segundo esse raciocínio, devemos limitar nossas amizades mais íntimas com pessoas do mesmo sexo.

Certamente essa é uma boa razão para exercitamos a prudência. Billy Graham ficou famoso por nunca entrar em um quarto de hotel, antes que alguém de sua equipe entrasse primeiro. Tinha esse cuidado para o caso de alguém que não gostasse dele, deixar uma mulher entrar e fosse fotografado em uma situação constrangedora. Muitos pastores e líderes cristãos, não se reúnem a portas fechadas ou andam em um carro sozinhos com uma pessoa do sexo oposto. Há situações que requerem certo cuidado e restrição por causa do perigo. José, na Bíblia, fugiu fisicamente da tentação com a mulher de Potifar (Gn 39.12).

Tendo dito isso, no entanto, mulheres e homens podem ser bons amigos. Eles trazem perspectivas e um jeito de ser para ambos que não podem ser desconsiderados. Os pontos de vista feminino e masculino nos ajudam a manter o equilíbrio, a crescer e nos fazem pessoas melhores. Jesus teve profunda e duradoura amizade com duas irmãs, Maria e Marta, e também nos mostrou como valorizava as mulheres em uma época que elas eram vistas como inferiores (Lc 10.38-42).

Pense na sua família de origem. Ela foi designada para que você fosse criado por uma mãe e um pai. Ambos contribuíram para o seu desenvolvimento e preparação para a vida. Faz sentido, uma vez que você cresceu e deixou sua casa, relacionar-se para sempre com o sexo oposto de modo significativo apenas se estiver namorando ou casado com essa pessoa? Isso limita um grande potencial de crescimento e de amizade.

No entanto, avalie sua situação com cuidado. Tenho visto muitos casamentos sólidos melhorarem por causa das amizades do sexo oposto. A amiga do marido lhe mostra o quanto ele está sendo cabeça dura e não está escutando sua esposa. Ela é uma defensora e condutora para sua esposa e casamento. O amigo da esposa lhe mostra que ela não está permitindo que seu marido tenha o seu "momento caverna", quando precisa ficar sozinho por alguns minutos depois que chega do trabalho, o período de transição para o ambiente familiar. Ele é um defensor e condutor para o marido, e para o casamento também.

Recomendo que o casal passe tempo junto com tais amigos, assim cada um dos cônjuges poderá se sentir mais seguro e saber que está a salvo, sendo amado e que tudo está no devido lugar. Mas o cônjuge que se sentir inseguro precisa ser escutado e compreendido, pois ele ou ela vem em primeiro lugar.

Se, entretanto, existe um problema de caráter na pessoa do sexo oposto com a qual nos relacionamos, as coisas têm que ser diferentes. Por exemplo, se um homem tem a tendência de flertar ou ser sexualmente inapropriado com uma mulher ou foi infiel, ele precisa se aconselhar e procurar ajuda para esses problemas, antes de se arriscar a ter amizade íntima com uma mulher. Por enquanto ele precisa ser sensato e ficar junto aos amigos do sexo masculino, do mesmo modo que um alcoólatra não deve trabalhar como atendente de bar.

O problema maior é quando um dos cônjuges não quer que seu esposo ou esposa tenha amizades com o sexo oposto por questões de medo e insegurança, não por causa do caráter ou amor. Nesta situação, o risco é de ele restringir contatos bons, saudáveis e de suporte para o casamento, para que não venha a se sentir ansioso e depois não consiga enfrentar e lidar com seus próprios medos e dificuldades. Em uma situação como esta, quem tem tais problemas nunca lida com eles e o que não tem, paga pelas feridas do cônjuge. Uma opção é o cônjuge procurar ajuda para o problema, o companheiro ou companheira permanecer sensível aos seus sentimentos, dando suporte ao seu crescimento e sendo totalmente confiável. Trabalhei com um casal cuja esposa sempre ficava profundamente enciumada quando seu marido conversava com qualquer outra mulher atraente, desde a vizinha às colegas de trabalho. Apesar disso, ele amava loucamente sua esposa. A raiz do problema era que ela havia crescido com um pai que morava distante e que havia traído sua mãe, e esse pesadelo feriu sua habilidade em confiar no caráter masculino. Quando ela se conscientizou desse problema, revisitou seu passado, lamentou as perdas que havia experimentado por causa do seu pai e se sentiu na condição de confiar no amor de seu marido, resolvendo o dilema.

Banindo a superioridade

Finalmente, lembre-se de que "melhor" não é uma categoria de superioridade moral. Seu melhor amigo é seu melhor amigo porque vocês se completam perfeitamente, não porque ele é melhor do que os outros amigos. Quando no restaurante, você pergunta ao garçom o que ele recomenda, provavelmente dirá: "O meu favorito é a carne ou o macarrão". Favorito é justamente favorito, não superior. Você e seu melhor amigo não caberiam no cenário de outras amizades, por isso não há melhor ou pior.

Você se lembra de como se sentia quando afloravam as panelinhas no ginásio? Havia um tom moralista no ar por não ser incluído. Fique longe desse tom e seja feliz por ter encontrado alguém que se encaixe perfeitamente para você.

Uma vida excelente requer amigos excelentes

Eu tenho uma amiga que lutava por um frágil casamento. Apesar dela e seu marido estarem casados há vários anos, existia um distanciamento considerável entre eles. Era sozinha e infeliz nesse relacionamento e estava considerando se separar.

Ela havia investido o máximo de sua vida para a família e o trabalho. Os amigos que tinha eram mais relações sociais e vizinhos; boas pessoas, mas não alguém que realmente confidenciava sobre o que ocorria. Isso fazia a solidão piorar. Nunca tinha conhecido realmente a solidão, até o momento em que ela e seu marido começaram a seguir rumos diferentes, o que se tornou um motivo para procurar pessoas a fim de poder se abrir.

Quando ela constituiu esses relacionamentos, mais pelo desespero do que por qualquer outra coisa, foi surpreendida pelo impacto que isso causou ao seu casamento. Queria ajuda para si, mas descobriu que seu casamento também foi ajudado. Essas pessoas ouviram, foram empáticas. Ouviram suas mais profundas experiências, mas ao mesmo tempo não foram pelo caminho mais fácil, de criticar seu marido, que não estava presente para se defender. Em vez disso, encorajaram-na a crescer, desenvolver-se, mudar a si mesma e ao mesmo tempo estabelecer limites claros quanto ao seu comportamento. Com o tempo, ela e seu marido começaram a se aproximar novamente. Essa mulher atribui grande parte do seu crescimento conjugal ao impacto desses “verdadeiros” amigos. Seu apoio, aceitação incondicional, sabedoria e reação, foram indispensáveis para ela.

Esse é um dos muitos aspectos positivos de se ter melhores amigos. Eles podem lhe tornar uma pessoa melhor, enriquecer seu viver e ajudar a curar outros relacionamentos da sua vida. Apenas temos que reconhecer seu valor em potencial e sua importância.

2

Tomando a Iniciativa

Podemos ter melhores amigos por um longo tempo, sem que estes nos mostrem seu real potencial e valor, a menos que nos foquemos nisso. Quando damos pouca atenção e disposição, recebemos pouco do melhor que poderíamos ter. Você pode ser proativo, tomar a iniciativa em ser mais atencioso e melhorar a amizade ou você pode ser passivo, deixar o curso seguir e as coisas acontecerem naturalmente. Se você é uma pessoa agradável, provavelmente tem amigos de ambos os modos. Mas ser passivo não lhe beneficiará tanto quanto ser proativo.

Deixe-me ilustrar: temos na família dois cães idosos da raça Labrador Retriever — Heidi e Casey. Já viveram bastante e somos muito ligados a eles. Nesses anos finais de suas vidas, eles têm pouca energia e são menos exigentes em relação às brincadeiras. É fácil ser passivo com eles: dizer "oi" ao chegar em casa, acariciá-los de vez em quando na cabeça e ter certeza de que estão sendo alimentados. E é o que temos feito, especialmente quando estamos ocupados com as atividades do trabalho e da família. Quando fazemos apenas isso, Heidi e Casey ficam mais lentos. Eles dormem o tempo todo, ficam preguiçosos e ainda percebo que os problemas de saúde aumentam. Não somos negligentes ou descuidados com eles, apenas estamos sendo morosos. Mas quando nos importamos em brincar todos os dias, andar com eles e levá-los nas viagens, percebo algumas mudanças. Quando somos proativos, os cães têm mais energia, estão mais alertas e agem como se fossem mais jovens.

Nas amizades acontece o mesmo. Provavelmente você é cuidadoso e caloroso com seus amigos, mas não pode negligenciar o cuidado e a manutenção da relação tanto em quantidade (não há tempo suficiente) como em qualidade (o que fazer com o tempo). Pode não ser de imediato, as amizades podem melhorar ou não, dependendo de sua proatividade. Tome a iniciativa e você vai colher os frutos.

Um encontro casual

Um relacionamento de melhores amigos pode se iniciar de várias maneiras, a maioria deles acontece acidentalmente durante a vida. Suas amizades mais próximas provavelmente não se iniciaram com uma entrevista ou um questionário, embora a era online esteja modificando isso tudo. Enquanto você posta "quero amigos" no Craiglist,* e as pessoas solicitem ser suas "amigas" no Facebook, a maioria das melhores amizades começa simplesmente quando encontramos no decurso da vida alguém de quem gostamos.

Pesquisando para escrever esse livro, perguntei a algumas pessoas como elas conheceram seus amigos mais íntimos. A maioria das respostas está a seguir:

* **N. do T.:** Craigslist é uma rede de comunidades online que disponibiliza anúncios de diversos tipos e gratuitos aos usuários.

- Nossos filhos são amigos dos filhos deles;
- Nos dias de nossa infância ou estudos;
- Colégio;
- Lugar de trabalho;
- Vizinhança;
- Igreja;
- Apresentados por um amigo em comum;
- Encontro casual.

Uma amiga minha disse: "Há dez anos estava conversando com uma vizinha e vimos a necessidade de caminhar todas as manhãs. Começamos a fazer isso. Era apenas para caminhar, ter alguém para fazer isso junto, a fim de que o tempo da caminhada fosse mais prazeroso. Mas agora — e eu não esperava isso — a amizade é o principal e a caminhada ficou em segundo plano. Ela e eu nos tornamos muito próximas".

Onde quer que você tenha encontrado seu melhor amigo, com certeza estava à procura de um relacionamento. Isso não significa que estava à caça ou desesperado. Simplesmente significa que internamente estava aberto às boas e novas relações. Estamos sempre avaliando, mesmo quando achamos que não.

Quando eu ando com os cachorros pela vizinhança, eles me puxam em suas coleiras como loucos quando veem outro cão, querendo ir até eles. No entanto, se eles veem outra pessoa não dão atenção e continuam a caminhar ao meu lado. Pelo que percebo, suas fortes reações em relação a outro cão, são respostas às memórias relativas a outros de sua ninhada. Eles são afetados por aqueles que são como eles. Do mesmo modo estamos observando, escutando e cientes dos que estão ao nosso redor. Podemos ter uma vida plena e boa, mas ainda respondemos aos outros "cães no caminho" se eles parecerem calorosos e interessados.

A verdade é que a maioria de nós sempre está à procura de melhores relacionamentos, mas não temos realmente especificado as qualidades daquilo que procuramos, nem mesmo sabemos como conseguir isso. O início de um relacionamento de melhores amigos pode ser aleatório. Mas o cuidado e a atenção devida não devem ser, caso você queira ter o máximo de proveito dessa amizade.

Muitas vezes, entretanto, não damos a devida importância ou experimentamos tal qualidade por causa de outros fatores que surgem. Acredito que para a maioria das pessoas, ter seus melhores amigos como uma grande fonte de apoio está sendo significantemente subaproveitada. Sua amizade possivelmente não está dando tudo que lhe é possível para nenhum de vocês. O potencial não está sendo revelado. A boa notícia é que com um pouco de exploração e esforço, você pode inverter essa situação e realmente maximizar o que existe na amizade, tanto para você como para a outra pessoa.

Falta de consciência

Uma razão para o subaproveitamento, é que muitos indivíduos simplesmente não têm consciência do potencial e do lugar que os melhores amigos têm na sua vida. Eles os têm, são atenciosos com eles e apreciam-nos, mas não pelo valor que eles podem trazer para a vida em comum.

Nessas situações, melhores amigos são mais parecidos com o que eu chamo de "companhias". Isto é, são pessoas que você tem próximas, mas o propósito da relação tem mais a ver com seguir pela vida com alguém, descer o rio ligado à alguém. Realmente há proximidade, e muitas coisas que podem ser agregadas nisso. Mas o que se perde, é que a companhia, na verdade, não traz o impacto necessário às nossas vidas; elas estão na periferia apenas. Pode ser um reforço, alguém para conversar sobre o que está havendo em casa e no trabalho, mas não existe realmente o "dar" e "receber" envolvido. Eles não são importantes para as decisões e escolhas que fazemos na vida. São ótimos para churrascos no quintal ou partidas de futebol com as crianças, são pessoas que nos incentivam, mas apenas isso.

Muitas vezes quando não sabemos o real valor dos melhores amigos, buscamos em terceiros o que um melhor amigo pode tratar. Algumas pessoas procuram um pastor ou um terapeuta quando estão com problemas na vida e depois contam para seus melhores amigos sobre isso. As desculpas mais comuns são: "Eu não queria lhe incomodar" ou "Fiquei envergonhado" ou "Eu não quero ser uma pessoa muito carente".

Como psicólogo tenho percebido que os melhores amigos podem trazer luz aos problemas. Antes que os problemas se tornem algo clínico e requeiram atenção profissional, bons amigos podem trazer um mundo de benefícios ao prevenirem que coisas pequenas se tornem grandes.

Você também pode perceber que quando os melhores amigos não estão no devido lugar, são tratados como dispensáveis. Casamento, filhos, encontros e trabalhos são considerados primordiais e as amizades tendem a ficar ao redor disso tudo. Pense nas tantas vezes que remarcou um café ou almoço com um amigo quando outras questões surgiram. Raramente movemos montanhas para manter nossos momentos com melhores amigos como sagrados. Certamente as questões familiares vêm em primeiro lugar. Mas se você perceber um padrão de mudanças em suas amizades, de modo que eles sempre fiquem na parte inferior da sua lista de interesses, veja isso como um problema a ser resolvido.

Uma coisa que me encoraja, é que os atuais jovens adultos valorizam as amizades. Eles são movidos a se associarem e investem em suas relações de modo profundo. Um indicador disso é o surgimento de termos como *irmão e irmã,** referindo-se a uma amizade íntima e privada, entre duas pessoas do mesmo sexo. Esta é uma geração que está à procura de relacionamentos, e não apenas em nível romântico. Podemos aprender muito com eles.

Se você está ciente de que não está dando o valor apropriado aos seus melhores amigos, recomendo que pelos próximos noventa dias você coloque um asterisco ao lado dos seus nomes, no seu calendário de encontros com eles. Isso será um pequeno sinal, para que você lembre de que precisa de uma excelente razão para cancelar esse encontro. A menos que seja algo crítico, você e seu melhor amigo se encontrarão. É um modo de se reorientar em relação aos valiosos benefícios que suas amizades mais próximas podem lhe trazer.

A PESSOA AMADA É A ÚNICA MELHOR AMIZADE

Algumas vezes ouço: "Minha esposa é minha melhor amiga, não preciso de mais ninguém, a não ser de Deus". Nesse cenário, o cônjuge ou o relacionamento amoroso é a única fonte e centro de solidez na vida. O vínculo romântico, seja um namoro ou um casamento de cinquenta anos, é o único lugar em que são gastas as energias. Amizades são apreciadas e vistas como algo bom, mas você não se relaciona especificamente com ninguém mais, a não ser com a pessoa amada.

Por um lado, você tem que aceitar a profundidade e o compromisso de alguém em um casamento. Há poucas coisas tão maravilhosas quanto o sagrado compromisso ao longo de uma vida. O casamento deve ser protegido e alimentado, o que leva tempo, investimento, limites sadios e energia. Entretanto, uma das melhores coisas que você pode fazer para tornar seu casamento melhor, é cada um de vocês terem amigos íntimos.

---

* **N. do T.:** No original as palavras são *bromance* e *womance*, que são termos ingleses usados para se referir à amizade íntima, mas não sexual, entre dois homens e/ou duas mulheres. *Irmão* e *irmã* são termos brasileiros que têm a mesma essência.

Não é apenas um bom conselho, mas algo necessário por várias razões.

Primeiro, o casamento exige outras fontes. Seu cônjuge não pode atender todas as necessidades de relacionamento de que você precisa, nem você atender as dele. Temos muitas e variadas necessidades. Pense na lista de qualidades das amizades que já foram mencionadas neste livro. Pode o seu esposo ou esposa atender cada uma delas em todo momento? E você tentaria atender? Tente mostrar uma lista destas para seu cônjuge e pergunte: "Você é capaz de fazer isso tudo por mim, ou ao menos o básico por semana, pelo resto de nossas vidas?" Mesmo que seu cônjuge seja saudável, irá surtar um pouco e depois dirá: "Precisamos de um pequeno grupo de pessoas".

Não fomos criados para ter apenas uma pessoa que atenda todas as nossas necessidades. Fomos criados para a coletividade. Há um enorme e saudável equilíbrio na vida do casal que prioriza apenas um ao outro, mas eles também devem ter e fazer coisas com mais frequência com os outros. Nisso também estão incluídos os "meus amigos" e "seus amigos". Esses outros relacionamentos precisam ter profundas e reais conexões. Se os relacionamentos são o combustível da vida, os melhores amigos não são os únicos, mas o casamento também.

Conversava com um amigo sobre o impacto que as amizades tinham em seu casamento, já que ele tem vários amigos íntimos. Ele e sua esposa não apenas fazem "coisas de casal" com outros casais, mas frequentemente ele também procura conversar mais com alguns homens que tem como próximos e confiantes. Diz ele: "Volto para minha esposa apreciando-a mais e, também, mais interessado em seu mundo". Sua esposa concorda que tem experimentado os benefícios por ele ter amigos íntimos.

Esse é um bom diagnóstico para suas melhores amizades, se você é casado. Se ao voltar para casa à noite após ter estado na companhia dos seus amigos, não conseguir desculpar as falhas da sua esposa e reparando nisso um pouco mais por causa do que eles disseram ou observaram, restrinja essas amizades. Melhores amigos falam a verdade, mas também fazem de tudo para ajudar no progresso do seu casamento.

Além disso, pense nos conflitos que os recém-casados têm por causa disso. Um deles tem um grupo de melhores amigos, que esteve com ele durante parte de sua vida. O outro não tem esse tipo de relacionamento. Quando o casamento sai da fase da lua de mel, muitas vezes o que não teve tais amizades irá resistir a essas relações: "Você quer estar com eles mais do que comigo!" Por outro lado, os amigos do esposo ou da esposa, começarão a se sentir sufocados e controlados: "Você não nos quer na sua vida!". Se os amigos do cônjuge estão negligenciando o casamento, isso deve parar e ser redirecionado. Mas, se não, o outro cônjuge precisa reconhecer o que está lhe provocando tais medos ou resistência. Deve reconhecer que seu companheiro ou companheira, não deve ficar refém de uma competição com os seus amigos. Se isso for um problema no relacionamento, cortar relações com seus amigos não irá ajudar a resolver isso; poderá até mesmo, criar mais alienação e distância entre os dois. Na maioria das vezes, este cônjuge precisa lidar com suas próprias inseguranças acerca da sua simpatia, e também em relação à sua confiança, amor e resistência no relacionamento marital. Quando assim faz, frequentemente reconhece que bons amigos auxiliam no crescimento da relação entre ambos os cônjuges.

Esse é um problema comum com os maridos, mais do que com as esposas, já que a maioria das mulheres, diferentemente dos homens, têm facilidade em criar relacionamentos, e algumas vezes os maridos, inconscientemente, têm suas esposas como as únicas com quem têm um relacionamento mais íntimo, e para serem condutoras da sua vida social. Apenas elas são suas confidentes, onde aliviam seus medos e gostos, com quem eles se sentem seguros em ser transparentes.

Isso é uma faca de dois gumes. Muitas mulheres dariam qualquer coisa para ter um homem que se relacionasse nesse nível com elas. É muito melhor do que uma desunião ou um espaço vazio entre ambos. Mas, o problema começa quando a esposa começa a ficar sobrecarregada com suas emoções, reflexões sobre a vida, opiniões e sonhos. Com o tempo, isso pode transformar o relacionamento marital em um relacionamento paternal, pois é o que os pais são para os seus filhos. E, se forem honestas, as esposas-"mãe" irão admitir que é muito para suportarem e que gostariam que se seus esposos fossem ouvidos e suportados por outros amigos. Você não despeja um caminhão inteiro de feno sobre um cavalo!

A FALTA DE VULNERABILIDADE

A vida é muito curta para se viver sem vulnerabilidade. Todos nós precisamos ser transparentes com alguém em relação ao nosso interior, necessidades, erros e emoções. Melhores amigos são o melhor lugar para essa necessidade.

Hoje em dia não precisamos realmente ser vulneráveis. Podemos muito bem sobreviver e ter um tipo de vida decente, sem que ninguém nos conheça profundamente. Sufocamos sem ar e morremos de fome. Mas se nunca deixarmos alguém saber o que realmente sentimos ou necessitamos, podemos até crescer, ter uma carreira, casar, construir uma família, fazer churrascos e ir à igreja. Os efeitos da falta de vulnerabilidade são sutis e de longo prazo, então é comum para algumas pessoas simplesmente viverem suas vidas sem serem transparentes. No entanto, eventualmente podem surgir problemas de qualidade de vida, conflitos íntimos e emocionais.

Falta de vulnerabilidade pode acontecer por algumas razões: quebra de confiança, feridas de relacionamentos ou uma simples falta em ser autêntico nos relacionamentos. Seja qual for a causa, ela diminui nossa necessidade por melhores amigos. É necessário um pouco de esforço para se ter amigos, mas é necessário correr o risco de se tornar vulnerável para termos melhores amigos. Deste modo, algumas pessoas simplesmente nunca se permitem ser vulneráveis.

Se você luta com a falta de vulnerabilidade, você precisa encarar isso e revelar o que sente. Se você admitir uma insegurança, uma necessidade ou um passado doloroso a uma boa pessoa, você vai se maravilhar com os muitos benefícios e riquezas que vai experimentar com ela. Se você tem dificuldade de se abrir com seu amigo, converse com ele sobre isso. Diga-lhe: "Eu realmente me sinto desconfortável falando sobre o que realmente está acontecendo". Isso também irá quebrar o gelo que existir entre vocês. Mas se isso também for muito assustador, converse com um terapeuta a respeito. Direta ou indiretamente, você precisa enfrentar seus medos em ser vulnerável com aqueles que são importantes.

Tenha esse objetivo em suas amizades atuais e futuras. Eles não vão requerer que revise sua vida, mas vão lhe retribuir com grandiosas recompensas.

3

A vida é Melhor quando Convivemos com os Outros

Um dos grandes benefícios da minha vida, é o "sem motivo para fazer uma ligação". Isso acontece quando um de meus amigos me telefona durante o dia por alguns minutos apenas para perguntar como estou. Sem agendamento, sem programações nem cobranças. Eu tento fazer isso algumas vezes durante a semana. O "sem motivo para fazer uma ligação" frequentemente me estimula, assim como uma pausa para um café à tarde. É maravilhoso o benefício que se tem quando você conversa com alguém de quem realmente gosta.

Esse é o primeiro elemento para se começar uma grande amizade. Vocês se comprometem. Há uma afeição mútua entre vocês. Compromisso é quando as pessoas ligam, marcam encontros, escrevem e viajam juntos. A vida é mais bem vivida ao redor dessa pessoa do que sem ela.

Preferência

Hoje em dia, compromisso tem duas partes na amizade — preferência e vínculo. Preferência tem a ver com ser atraído à pessoa e isso pode ser por várias razões: sua personalidade, cordialidade, interesses ou senso de humor, por exemplo. A preferência é fundamental para ser um melhor amigo. Se você não gosta de alguém, isso dificulta passar o tempo e gastar a energia necessária na construção do relacionamento. Pense nisso. E se você tivesse que dizer: "Sei que essa pessoa é boa para mim, mas eu realmente me sinto desconfortável e esgotado perto dela", ou: "Eu deveria passar um tempo com ela. Eu sei que ela é boa para mim, mas nós não temos aquela química"? Seria como ir a um fisioterapeuta para tratar de uma torção no tornozelo. Bom para você, mas não prazeroso. Isso simplesmente não funciona nas amizades.

Algumas pessoas dizem que preferência é simplesmente uma questão de química pessoal, que não tem como ser controlada — é o que é. Mas não creio que isso seja verdade. Preferência pode ser modificada, tenho visto isso acontecer com frequência. Enquanto crescemos, nossos gostos e preferências vão modificando ao longo do tempo. Odiamos café aos dez anos de idade, mas adoramos aos vinte cinco anos. Amamos carros velozes, mas com o tempo começamos a olhar mais para os carros de passeio. Nos relacionamentos, as preferências frequentemente modificam, porque de algum modo estamos nos transformando e nos aprofundando na relação. Nossa capacidade de ver coisas boas em tais pessoas, e sermos atraídos a elas, move-nos por algo além de um simples mecanismo de distanciamento ou aproximação.

Estava uma vez em um grupo em que dois amigos meus, na verdade, não se gostavam. Era um pouco estranho quando nós três estávamos juntos. Eu me dava bem com ambos, mas a conexão parava aí. O estilo de um dos homens era mais convencional e conservador; o outro era flexível e mais liberal. Ambos eram boas pessoas, mas eram diferentes e irritavam um ao outro da maneira errada. O primeiro achava que o segundo era muitas vezes provocativo e infantil, enquanto que o segundo achava o primeiro paternalista e preconceituoso. Com o passar do tempo eles se aproximaram, e eu me pergunto se já não se gostam. Pois mesmo sem se gostarem, continuaram envolvidos no pequeno grupo e se esforçaram em ser vulneráveis e transparentes o máximo possível entre si. Com o passar do tempo, e por manterem tal atitude, eles começaram a sentir afeição um pelo outro. Compreenderam-se profundamente. O de estrutura firme, começou a apreciar a espontaneidade do flexível, e também soube de onde esse seu jeito viera do passado. Por sua vez, o segundo homem foi atraído pelo primeiro e soube que no seu passado, teve que ser uma fortaleza. Eles foram abaixo do estilo pessoal de cada um e sentiram compaixão, começando a gostar um do outro.

Portanto, se você se encontra em uma situação semelhante com alguém que você quer gostar, mas não consegue, não assuma que isso será sempre assim. Seja você, mesmo vulnerável, procure conhecer a história dessa pessoa. Procure descobrir o que lhe chateia ou o que lhe faz se afastar dela. Muitas vezes você pode ver melhorias em relação ao que sente por ela.

No entanto, tenha em mente que nem todos que você vier a gostar podem ser bons amigos. Além do mais, o fato de você ser atraído de imediato por alguém, não é garantia de que seja uma boa pessoa para você ou que a relação esteja no caminho certo. Por vezes somos levados a certos tipos de pessoa, por causa de algumas razões não tão saudáveis. Muitas vezes, as pessoas escolhem outras por causa de um vazio ou um rompimento de relação. Por exemplo, algumas das pessoas que procuram ajudar um viciado a se corrigir, na verdade estão procurando um modo de se consertar; pessoas que fazem de tudo para agradar podem ser atraídas por outras excessivamente agressivas, para que não tenham que falar e ser diretas e francas; o introvertido pode escolher uma pessoa extrovertida, pois assim ela não precisará se expor e se arriscar em relacionamentos. Diz-se que esses tipos de atrações entre opostos ocorrem principalmente em relacionamentos românticos. No entanto, não é a verdade e nem uma boa maneira de se escolher as pessoas certas. Escolha com base nos princípios e evite a louca ideia do "Encontrei a peça que me faltava!". Com o tempo, esse tipo de atração não trará benefícios. É por isso que precisamos tomar cuidado em relação ao que nos direciona a certas pessoas, e sermos severamente sinceros conosco. Senão, há um grande risco de, depois de iniciada a relação, a amizade tornar-se algo desequilibrado e doentio.

Vínculo

A outra parte do compromisso em uma amizade é o vínculo, que é tão profundo quanto a preferência. Vínculo proporciona uma troca de graça entre dois amigos. Do mesmo modo que carros precisam de gasolina, nós precisamos de graça nas nossas amizades, para nos sustentarmos e melhor nos relacionarmos. Deus nos criou com uma necessidade por pessoas que podem nos atender em níveis mais profundos, como amigos íntimos. Quando nossos melhores amigos não agem assim, nos sentimos desconfortáveis e algo está errado. Paulo descreveu sentimentos semelhantes para seus amigos: "Não estais estreitados em nós; mas estais estreitados nos vossos próprios afetos" (2 Co 6.12).

Provavelmente você já teve a experiência de sair de um café ou lanchonete com alguém e perguntar a si mesmo: "Será que ele está me ouvindo?" São duas pessoas conversando, mas não realmente conectadas. Felizmente, mesmo se sentindo sozinho, você tem como alternativa a recordação da refeição compartilhada com alguém mais ligado a você. Quando as pessoas falam sobre seus sentimentos e lutas umas para as outras, as coisas se conectam.

Recentemente, estava sofrendo uma forte pressão por causa de prazos e vários projetos, estava me sentindo bastante sobrecarregado. Eu tinha um almoço, com um melhor amigo, que quase cancelei por pensar que não teria tempo para isso. Mas fui e depois do almoço estava mais tranquilo, com energia para organizar e executar minhas tarefas. O vínculo me ajudou a seguir adiante.

Vínculo acontece ao sermos abertos e vulneráveis, e ao nos permitirmos sentir a necessidade do outro. Quando você está estressado, se sentido sozinho ou sobrecarregado, você procura contatar seu melhor amigo para estar contigo. O vínculo é o que em primeiro plano cria as amizades.[1] Ele abre a porta para que entremos nas vulneráveis áreas da necessidade, lutas e falhas, onde é mais difícil de sermos honestos, ainda que mais importantes.

Aprofundando o compromisso

Para aprofundar o compromisso dos relacionamentos, é importante agir de modo que promovam a confiança e a sinceridade para ambos. Compromisso entre amigos íntimos ocorre melhor quando ambos estão vulneráveis, abertos e fazem dessa vulnerabilidade algo normal na amizade. Isso é importante, porque sem essa mútua vulnerabilidade, uma pessoa se torna a conselheira e o outro, o aconselhado, o que não é naturalmente um relacionamento de amigos. Amizade é sempre uma estrada de mão dupla.

Construa a vulnerabilidade em suas amizades. Tome a frente em trazer suas necessidades de graça, afirmação, aceitação, compreensão e segurança para o relacionamento. Ponha as cartas sobre a mesa, exponha-se. Enquanto todos precisam conversar sobre a vida diária, as crianças, a política e assim por diante, vá mais fundo. Fale sobre o que você sente, não apenas o que você pensa. Revele o que lhe preocupa, suas frustrações ou tristezas.

Seguem abaixo algumas perguntas que podem dar a ambos as condições de revelar seus pensamentos, em busca de um compromisso mais profundo. Deem tempo um ao outro para pensar e serem espontâneos. Muitas vezes, alguns pensamentos surgirão para trazê-los para perto e essas conversas serão um tempo onde conectarão os pontos que beneficiarão ambos.

- *O que nos uniu em primeiro lugar?*
  A história ajudará a prover a perspectiva correta, se foi um evento esportivo, um encontro de vizinhos ou uma função na igreja. Esses são os eventos mais corriqueiros em que as amizades se iniciam.

- *O que você acha que gostamos um no outro? O que é que nos une?*
  Essa pergunta coloca a peça "preferência" para ser analisada. Vocês podem achar que gostam da natureza descontraída do outro, dos valores ou do modo cínico de ver a vida. Reconheçam e afirmem isso como bom e valioso.

- *O que fazemos para que haja um vínculo pessoal entre nós? Sentimo-nos seguros em falar sobre o que está acontecendo em nossa vida? Damos essa segurança para o outro? Nosso relacionamento é um lugar onde podemos ir mais fundo, já que não há outros lugares em que podemos fazer isso?*
  Esse é um grande passo. Alguns amigos pulam essa pergunta, porque sentem necessidade de fazer isso ou por causa do medo. Outros irão tentar. Respeite o limite de cada um. O fato de você tocar no assunto, vai ser uma ajuda ao longo do tempo.

- *O que podemos fazer para tornar esse relacionamento um melhor lugar para que haja vínculo?*
  Agora vocês estão abertos para sugestões de ambos, o que pode melhorar as coisas. Assuntos podem surgir, como:

  - Gostaria de gastar a maior parte do nosso tempo com questões mais profundas e menos sobre nossas atividades do dia a dia;

- Às vezes sinto que você está desconfortável com minhas reações emocionais e gostaria de saber se isso é verdade;

- Tem vezes que eu mantenho certa distância, pois noto que você gosta de ter outros mais por perto e eu não. Gostaria de saber se você me acha um fracassado quando eu falo sobre meus problemas;

Esse é um modelo. É simples, você vai notar que iniciou com uma dessas questões apenas e toda a conversa aconteceu. Vá onde o interesse fica mais evidente, a menos que você tenha um cronograma ruim de seguir por causa das dificuldades de relacionamento, mesmo com menos estrutura e mais profundidade, você chegará ao ponto que deseja. O que você sentiria se estivesse se abrindo com seu melhor amigo e ele dissesse: "Isso é ótimo! Qual é a próxima parte agora?". Provavelmente você se fecharia. É assim que melhores amigos mantêm e melhoram o compromisso. Vale a pena o desconforto inicial, por causa dos retornos que ambos irão experimentar.

Lembra-se do "sem motivo para fazer uma ligação" que falei no início desse capítulo? Mesmo que você não tenha muito tempo, use essa ligação para ir mais fundo. Tome a iniciativa de ir além de como o trabalho e as atividades familiares têm conduzido. Você pode dizer: "Estava pensando sobre a situação do seu casamento. Como está?" ou "Gostaria que soubesse o quanto aprecio você permitir que eu fale com liberdade sobre as loucuras da minha mãe". Cada uma dessas conversas, abre caminho para uma amizade melhor e mais completa. Isso é valioso!

4

INVESTINDO NO TEMPO

Quando minha assistente me entregou os compromissos do dia, passei os olhos nos assuntos e projetos que já estamos trabalhando e fixei o olhar no quarto item: "Jantar com Tom: procurar datas disponíveis". Por alto pode parecer um daqueles eventos sociais que devem ser agendados, mas isso se referia a algo mais importante. Tom é um dos meus melhores amigos e nós sempre nos encontramos regularmente para jantar. Na verdade, me encontro com ele mais vezes do que com os amigos íntimos que estão geograficamente mais próximos. E essa é a parte importante: Tom mora em outro estado. Nossos encontros são possíveis, pois enquanto Tom e sua família residem em outro estado, regularmente ele viaja para a minha região por causa do seu trabalho. Mas isso dá certo porque Tom faz dar certo. Ele liga e deixa claro que eu vou ter um tempo com ele quando estiver na cidade. É persistente e não se sente rejeitado por nem sempre eu agir do mesmo modo. Ele é um grande exemplo de como um melhor amigo pode deixar claro que mantém o vínculo. Tom é muito melhor nesse aspecto do que eu, mas eu tenho melhorado em relação a isso por causa do seu exemplo.

Eis a questão: boas amizades requerem tempo para que possam crescer e promover os relacionamentos excelentes de que precisamos. Simplesmente não há substituto para o tempo. Precisamos de ambos, qualidade e quantidade, e poder usar o tempo é uma vantagem em nossas amizades.

Invista cedo

Quando a relação está na fase inicial, em que se pode dizer que este amigo está se tornando um melhor amigo, precisamos de mais convivência. Quanto mais inicial é a amizade, mais convivência é necessária. É difícil constituir melhores amigos quando no início os almoços, cafés e jantares ou saídas, são poucos e com frequência distantes uma das outras. Esse não é o tempo adequado para se construir uma fundação. O termo psicológico para isso é *internalização*, que se refere ao processo de guardar para si as experiências que se tem com outras pessoas. É mais do que memorizar, como se estivéssemos decorando os ingredientes de uma receita. Internalização tem a ver com cognição, mas vai além do relacional e pessoal e cresce com o tempo. Nós nos lembramos de umas férias. Nós internalizamos a pessoa com quem passamos as férias juntos. Aqueles a quem em nível mais profundo se conectam conosco, tornam-se realidades emocionais em nosso interior, nós os mantemos em nós. As crianças desenvolvem o sentido de serem amadas quando elas "internalizam" pais, que de forma consistente são cordiais e amorosos. Elas têm uma imagem emocional, ou um retrato, em seu interior que lhes alegra, encoraja e conforta em momentos de estresse. Ao lado de nossos pais, as pessoas que mais internalizamos são nossos irmãos, família de origem, nosso cônjuge, nossos filhos e nossos melhores amigos.

Ao longo do tempo, os encontros constroem e se acumulam dentro de nós, do mesmo modo que são acumulados em uma conta-poupança, os depósitos que nela fazemos. Depositamos quando temos um diálogo sincero ou compartilhamos dissabores, esse amigo torna-se mais e mais significante e importante para nós.

Pense acerca dos seus atuais melhores amigos. Provavelmente, você verá que na fase inicial a convivência era mais frequente. Isso era em parte, por causa do efeito "lua de mel", em que ambos eram interessantes um para o outro. Mas esse período inicial também é algo designado por Deus para você, para assim, seus relacionamentos terem uma base, estando "alicerçados em amor" (Ef 3.17).

Uma vez que ambos invistam na amizade, seu melhor amigo será parte de sua vida — provavelmente pelo resto dela — mesmo que não o veja com a frequência que você gostaria. Ele é uma parte consistente e estável em seu viver. Você não pode realmente "esquecer" dos melhores amigos da mesma maneira que dos amigos. Eles estão enraizados em sua estrutura pessoal. Por isso você pode conversar com um melhor amigo, que não vê há anos, e imediatamente se conectar em um nível profundo e satisfatório. As experiências passadas estão trabalhando a favor de vocês.

Se não tivessem experiências compartilhadas, não teriam o relacionamento que experimentam hoje. Isso não significa que, um novo relacionamento não possa se aprofundar rapidamente. É certo que isso acontece e eles podem formar melhores amizades com o tempo. Mas não tem sentido chamar alguém de melhor amigo sem antes investir tempo nele. Fácil significa difícil, nesse caso. Você não quer algo fácil, quer algo que com o tempo seja essencial. Você quer um relacionamento que tenha a equidade como uma fundação. Pode até dizer que é "uma excelente nova relação" ou "uma pessoa realmente bacana", mas ainda não denomine melhor amigo. Meu conselho é que aguarde ao menos um ano para chamá-lo assim. Não digo isso porque seja um rótulo ruim, é até algo adequado. Mas ainda não se fez digno de merecer. Você precisa passar por algumas estações da vida com essa pessoa: bons tempos, sofrimentos, aniversários, feriados, estresses, experiências familiares e diferenças. Olhe para o termo "melhor amigo" como uma diplomação a ser ganha, e não como um honorário. Mas quando fizerem por merecer tal posição, a equidade existirá para ambos e você não necessitará despender o mesmo tempo do início (embora, caso seja possível, mantenha a constância).

Mais é melhor

No final, para relacionamentos significativos, mais é simplesmente melhor. Se você pode-se encontrar com a pessoa várias vezes e mesmo assim manter uma vida equilibrada, isso é algo muito bom. Por que não? Há tanta coisa boa para você: mais segurança, aceitação, vulnerabilidade e honestidade. Isso são aspectos da vida que não temos em demasia. É impossível ter muito de uma grande amizade. Pode ser até impossível ter todo o tempo necessário para isso, mas se você tem tempo, aproveite! Não desanime ou desista se está sendo difícil administrar o tempo para estar junto. Faça igual ao meu amigo Tom, tome a iniciativa para se encontrar com seu melhor amigo com mais frequência. A menos que seja uma questão de dependência, duas pessoas que são muito amigas sempre tornam a vida uma da outra melhor.

Pesquisas têm revelado que aquele com quem você passa mais tempo, influenciará seu comportamento muito mais até do que seus melhores amigos. Cientistas têm usado o aplicativo de rastreamento dos smartphones para procurar os padrões de nossos comportamentos e têm visto que nossos hábitos e gostos são mais marcados pelas pessoas que estão ao nosso redor, que possivelmente são apenas conhecidos, do que por nossos melhores amigos, com quem não passamos tanto tempo juntos.[1]Em outras palavras: fator proximidade. Portanto, sempre que possível, faz sentido despender tempo com aqueles que estão mais perto.

O melhor e maior exemplo disso, é claro, é o casamento sadio. Quando duas pessoas compartilham suas vidas, juntos têm uma quantidade considerável de tempo, tanto em frequência quanto em duração. E em um bom casamento, mais é melhor. Certamente ambos os cônjuges necessitam de seu próprio espaço e amigos. Mas o casamento foi projetado para que mais tempo juntos signifique mais proximidade, crescimento, profundidade e alegria. O pai de minha esposa morreu depois de quarenta e seis anos de casado com sua mãe. Uma das coisas que sua mãe disse durante a recepção, após o funeral foi: "Não foi o tempo suficiente!". Isso não foi apenas uma confissão de um casamento bem-sucedido, mas também de uma grande amizade. Nós nunca pensamos dessa forma. Mas considere quem hoje diria isso acerca de você diante de sua família, se de repente você morresse. Você precisa de melhores amigos que pensem também desse modo.

A QUANTIDADE CERTA

Como saber se você não está despendendo o tempo necessário com o seu melhor amigo? Há um tempo mínimo? Depende. Alguns melhores amigos adorariam passar mais tempo juntos, mas algumas circunstâncias ou fatos alheios a eles, os impendem disso. Eu penso que a melhor maneira para determinar a quantidade certa é o que acontece por causa desse relacionamento, o que essa união produz. Se coisas boas estão acontecendo, ao menos está tendo sucesso com o mínimo de tempo. Se não, acho que mais tempo está sendo necessário. A seguir está o básico do que eu penso em relação aos encontros.

1. *Conhecer*: Você passa muito tempo com o outro, mas isso não significa que saiba sobre os acontecimentos essenciais da sua vida como: família, relacionamentos, trabalho, saúde e assim por diante. Isso leva certo tempo. Mesmo que não pareça, há certa dificuldade. Há entre você e seu melhor amigo informações

não conhecidas? Ou melhor, se lhe perguntarem sobre quem é essa pessoa, conseguiria resumir os eventos importantes de sua vida? Mesmo que alguns detalhes possam ser compartilhados pelas redes sociais, certifique-se de ir mais profundo quando se encontrarem pessoalmente. Algumas vezes as pessoas dizem: "Estamos acima da média. Nossa conexão é em nível de almas, não precisamos dessas coisas exteriores". Eu acredito nessa conexão de almas também, mas essa alma tem um corpo! Esse corpo tem uma história e é pelas experiências vividas que essa alma é o que é hoje: provações, relacionamento, realizações, falhas e perdas. Eu nunca instruo ou aconselho alguém sem antes ter uma ideia de sua história de vida. Portanto, vocês precisam de tempo suficiente para se conhecer.

2. *Conectar-se.* O mínimo que for necessário para se conectar emocionalmente. Conhecer e conectar não são as mesmas coisas. Um tem a ver com eventos significantes da vida e o outro é sobre intimidade. Conexão é a essência que torna duas pessoas melhores amigas. Traz proximidade. Elas se sentem menos isoladas, menos solitárias e internamente mais amadas. Se vocês se sentem unidos, mesmo quando não estão juntos, provavelmente está tudo bem com vocês. Se você sente que é difícil sentir-se próximo ou unido a uma pessoa quando não está perto dela, veja isso como um problema a ser resolvido. Mais precisamente, se você acha difícil ser mais aberto para essa pessoa quando estão juntos, não há nenhum conflito relacional e você não tem nenhum problema psicológico para criar vínculos, provavelmente é hora de aumentar a frequência de encontros.

3. *Ser honesto.* Verdade é algo que melhores amigos valorizam e priorizam reciprocamente. É a resposta e a perspectiva que vem da rica fonte do tempo e da experiência. Ele pode ser confiável. Ser honesto, entretanto, leva tempo —

provavelmente mais do que para se conhecer e conectar-se — e pode ser difícil falar e ouvir. Você precisa de certo tempo para sentir-se suficientemente confortável para ser honesto, especialmente em um nível profundo. Pense nisso: se você apenas encontra-se com seu amigo mais próximo, em um almoço por ano, quão confrontador você seria? A não ser que ele esteja se preparando para cometer algum delito grave, provavelmente não seria muito confrontador. Você irá querer gastar esse precioso tempo conectando-se e "estando ali" para aquela pessoa. E isso seria a coisa certa a se fazer. E se vocês almoçassem duas vezes por mês durante um ano? Provavelmente você anteciparia em falar sobre as coisas que têm a ver consigo, o que seria um bom uso do tempo que vocês têm. Se vocês nunca forem honestos em relação a nada em todos esses vinte e quatro almoços, provavelmente um de vocês deve ter medos. Em outras palavras, vocês estão se encontrando ou falando o suficiente para chegar a alguma verdade que possa ser importante?

Pense nesses três itens em suas relações mais importantes. Talvez seja necessário adequar a frequência em uma ou mais amizades, a fim de mantê-las no nível que você deseja que estejam. Se não tem tempo suficiente para isso, embora ela ainda possa ser uma boa amiga e tenha um acesso especial a você, ela não pode ser esse tipo de melhor amiga, se você tem um relacionamento contínuo e seguro com outra pessoa. A amizade deve ser boa para esses momentos de encontro ou para os de crise na vida, quando você tem a certeza de que ela estará ali para você. Isso não é algo ruim, mas faz diferença. Mantenha os dois tipos de melhores amigos em mente quando for fazer suas escolhas, em relação ao que fazer com seu tempo quando estiver com seus amigos.

E se você se vir não se deixando ser conhecido, ser conectado ou não sendo honesto com esses melhores amigos que estão atualmente em sua vida, pode ser uma boa ideia ter algum tipo de regularidade de encontro, para que ambos possam depender disso: um café da manhã, almoço, lanche, esses tipos de coisas. É algo a menos para se preocupar quando você mantém uma regularidade na sua agenda de encontros. Ou, então, no final do encontro, programem o próximo.

Nos últimos dez anos tenho tido almoços regulares com amigos mais próximos. Temos priorizado o tempo como algo possível de ser organizado e isso tem sido um momento importante para nós. Regularidade existe para preservar o vínculo. Use-a se isso ajuda.

Há um "ponto ideal" relativo ao quanto de tempo você investe em suas melhores amizades. Meu desejo é que a maioria de nós possa despendê-lo um pouco mais com as pessoas que mais importam. Faça esse investimento!

5

Melhores Amigos nas Redes Sociais

Certo dia perguntei ao meu filho Ben e sua amiga Lili, ambos estudantes, o que eles achavam do *Facebook*. Lili respondeu dizendo: "Eu gosto e não gosto dele". Surpreso, pois não conheço muitos da idade deles que sejam negativos acerca do *Facebook*, perguntei a ela o que isso significava, ao que respondeu: "Eu gosto, pois consigo me conectar com pessoas que não estão próximas. Mas também acho que estou sendo preguiçosa quando poderia estar vendo e falando com as pessoas do Facebook pessoalmente. Isso não me parece certo". Sua inteligente resposta aponta uma questão: *O Facebook melhora, piora ou não interfere nas amizades?*

A maioria das pessoas que conheço está agora usando a conexão digital, desde trocas de e-mails até participando de redes sociais, como o *Facebook* e o *Twitter*. Somos conectados a outros e formamos comunidades de modo instantâneo. Conexões digitais tanto nos mostram o quanto as pessoas são importantes para nós, e o quanto que constantemente procuramos uma forma de contato. Essa conexão, especialmente redes sociais, está fortemente presente em nossas melhores amizades.

Não é uma vida real

Enquanto a rede social pode ser útil para manter os contatos e aumentar o número de pessoas conhecidas que você pode ter em áreas comuns de interesses, a maioria não encontra seus melhores amigos por meio dela. Há exceções, é claro, como colegas de classe da época do Ensino Médio que reiniciam amizades no Facebook, mas na maior parte, as pessoas na verdade encontram seus melhores amigos pessoalmente, em algum momento da vida, e, em seguida, usam a rede social para ficarem conectadas a elas. Simplesmente há vários obstáculos ao se iniciar amizades íntimas pela rede social, como a ausência de tempo, de envolvimento, não sendo possível saber como realmente a pessoa é e compreender o contexto de vida delas.

Uma vez que você tem uma amizade estabelecida, a conexão digital, especialmente rede social, é essencialmente algo neutro. Não é nem bom nem ruim na essência; no máximo, serve como uma lente de aumento. Ou seja, em um relacionamento de melhores amigos, a rede social faz as boas coisas melhorarem e as más piorarem.

Quando pessoas têm uma saudável e sincera amizade, o *Facebook* é um ótimo meio para manter o contato, por ser conveniente e eficiente. Se você tem cinco minutos entre uma reunião e outra, pode postar um comentário no seu mural e ler algo que um amigo escreveu acerca dos filhos ou do passeio que esteja fazendo. Pessoalmente fico muito satisfeito em poder me comunicar instantaneamente com pessoas que conheço em todo o mundo. Isso resolve vários problemas relativos ao não ter condições de ver ou conversar com alguém que seja íntimo. Não tende a ser totalmente algo substancial e pessoal, mas é uma boa forma de conectar-se em um nível social.

No entanto, o outro lado também é verdadeiro. Se um relacionamento não está indo bem, é difícil concertá-lo por meio da conexão digital. Qualquer coisa negativa ou confrontadora irá parecer pior quando for lido. Na verdade, digo às pessoas para não confrontarem uns aos outros de modo digital, pois é muito fácil para quem for ler se sentir atacado e julgado. Além disso, esse tipo de meio de comunicação nos permite ficar ocultos. Podemos descrever aspectos não verdadeiros sobre nós mesmos ou esconder outros que não queiramos que as pessoas conheçam. É fácil criar um perfil que não é verdadeiro. Suponha, por exemplo, que você está tendo dificuldades em um relacionamento, mas não quer ser o causador do problema nessa amizade. Então você tem a tendência de postar imagens ou indiretas, sem ir fundo no problema. Se você precisa conversar com ela em breve e está esperando a oportunidade certa para isso, é algo importante. Mas se você está evitando isso por meio de informações negativas, não vai ajudar no desenvolvimento do seu relacionamento. Isso não significa que deva transmitir isso na rede social. Significa ter a intenção de encontrar um tempo, para pessoalmente apresentar o que sente.

Dependência instantânea

Outro aspecto negativo das redes sociais, e que afeta as amizades, é o problema de não ter tempo e não se esforçar para refletir e pensar em suas próprias experiências. Todos nós precisamos de espaço para pensar e sentir. É assim que nossa identidade é formada e mantida. Precisamos saber o que pensamos e sentimos acerca de qualquer coisa, como: o que simplesmente assistimos em um filme, o sofrimento familiar por causa de uma criança doente, o que aprendemos em um versículo da Bíblia. Quando o apóstolo Paulo falou a Timóteo como viver, ele também lhe disse: “Considera o que digo, porque o Senhor te dará entendimento em tudo” (2 Tm 2.7). Davi disse ao Senhor:

"Em teus preceitos meditarei e olharei para os teus caminhos" (Sl 119.15). Reflexão, meditação e pensar, requer um determinado tempo de distanciamento de outros para saber onde estamos. Isso não significa que temos a opinião final. É apenas reconhecer o lugar que temos conseguido chegar até agora, poder usar nossos relacionamentos para nos elucidar a realidade e nos trazer uma perspectiva nova e melhor, que nos beneficiará.

Quando as pessoas não tem habilidade para isso, vão a outros para aceitar a realidade, não para torná-las claras. No mundo da psicologia isso é chamado de problemas de dependência. Eles dependem da visão externa dos outros e têm medo de confiar em suas próprias visões internas. Crianças vão aos pais e perguntam: "Quais amigos devo convidar para a festa?" Sua dependência requer que eles busquem resposta da mãe e do pai, que com o tempo eles internalizarão, até o dia que poderão tomar suas próprias decisões. Mas alguns adultos vão aos seus amigos e, antes de realmente pensarem ou deliberarem por si mesmos, perguntam: "Namoro esse cara?", "Qual emprego devo aceitar?" ou "Devo me mudar?"

O motivo da conexão digital representar um problema nesse caso, é por ela ser conveniente e porque os outros estão tão dispostos a ajudar e dar suas perspectivas, sem saber que isso pode ser uma má ideia. Você não pode simplesmente fazer uma pergunta que pessoalmente ainda não processou e tomar várias informações de seus amigos. Instruí uma executiva que estava se encontrando com vários homens. Assim que ela tinha uma conversa mais clara com um deles, com mais vulnerabilidade ou tendo algum conflito, imediatamente mandava uma mensagem, por e-mail ou Facebook, aos seus amigos para saber o que eles pensavam a respeito do que o outro dissera e sobre o que estava acontecendo. O resultado sempre era que em vez de concluir ponderadamente acerca desses homens, ela sempre seguia os conselhos que recebia naquele momento e, muitas vezes, o conselho era contraditório. Por fim, eu lhe disse para esperar um pouco, pensar e fazer algumas conclusões acerca desses homens antes de ir aos seus amigos. Isso foi muito difícil para ela. Seu hábito de buscar informações tinha muito mais a ver com obtenção de resultados do que em assumir a opinião de alguém. É importante reconhecer como estamos usando a rede social e corrigir o modo que a usamos, quando necessário.

Mantendo a realidade

É fácil encontrar pessoalmente alguns melhores amigos que são próximos, outros não. E-mail e redes sociais são úteis neste caso, mas não é o mesmo que pessoalmente, mesmo usando o Skype. Estar fisicamente com alguém no mesmo lugar lhe dá acesso às palavras, à tonalidade, ao contato visual, à linguagem corporal e muitos outros meios de comunicação. Se você mudou-se recentemente de um local onde estava profundamente conectado, não é uma boa ideia evitar encontrar melhores amigos locais enquanto mantém contato com os antigos relacionamentos através das redes sociais e e-mail. Você precisa da natureza pessoal do contato físico. Embora seja importante manter os melhores amigos para sempre, tenha certeza de que está convivendo com novos amigos pessoalmente.

6

De Imediato!

Minha esposa é muito ligada à Nancy, uma de suas amigas mais queridas. Posso prever que se algo acontece de importante no dia da Barbi, ela irá comunicar tanto a mim quanto à Nancy sobre o fato, dependendo de quem ela encontrar primeiro. Um dia cheguei em casa, do serviço, e ela me disse que tinha recebido um prêmio como professora. Parabenizei-a e perguntei se ela já havia dito à Nancy, ao que me respondeu: "Hoje cedo!".

O primeiro lugar que sua mente pousará quando boas coisas importantes acontecerem, será na região dos melhores amigos. Não fomos projetados para viver sozinhos os eventos importantes e dificuldades, especulando sobre isso em nossas mentes. É claro que devemos pensar sobre tais situações e orar acerca delas, mas quando algo nos impacta, automaticamente pensamos: "Preciso conversar com meu melhor amigo sobre isso". Isso é porque o fato é mais real para nós quando acontece no relacionamento.

Os altos e baixos da vida têm mais importância quando alguém é conscientizado e conversamos sobre isso. Gálatas 6.2 diz que nós devemos levar "as cargas uns dos outros". Somos feitos para compartilhar. Temos que nos beneficiar por alguém, se preocupar e estar empenhado conosco. Manter nossos melhores amigos envolvidos nas celebrações, crises e queixas é o que torna nossas relações mais valiosas.

Celebrações

Quando uma menina do segundo ano, vai até seu pai carregando um desenho e diz: "Olha, eu desenhei isso!", deseja e precisa que ele diga algo acerca da pintura, como: "Realmente é um lindo cavalo!", "Gostei das cores" ou "Estou orgulhoso de você!". A aprovação paterna torna tanto o desenho quanto seus esforços mais reais para ela.

Aprovação tem a ver com saber se as suas experiências e assuntos têm valor para a outra pessoa. Quando somos aprovados, ficamos mais convictos de quem somos. Ninguém cria sua identidade sozinho, mas isso acontece com os relacionamentos. E mesmo quando somos adultos, necessitamos ser aprovados.

Estar com seu melhor amigo é um pouco parecido com ter um álbum com suas memórias mais queridas. Depois de cada encontro, você coloca mais uma experiência no seu banco de memórias: uma gargalhada, uma tristeza compartilhada, um desentendimento forte, um problema complicado. E, então, esse álbum está disponível para você naqueles momentos que mais precisar dele. Quando você liga para um amigo e diz: "Acabei de ganhar a conta de Gonzales!* ", a felicidade e declarações que ele lhe disser você colocará nas páginas desse álbum. Então, quando, por exemplo, você precisar ao perder as próximas duas contas,

* **N. do T.:** Ganhar a conta de algo é uma expressão nos mercados financeiro e de marketing, que significa ter conseguido fechar negócio com algum cliente.

elas estarão lá para você. Os relacionamentos garantirão que você se lembre do que está fazendo e continue a fazer.

Crises

Seu melhor amigo não apenas tem um papel importante nas celebrações, como ter um filho, sair de férias com você ou ajudar na mudança para uma casa nova, mas também nas dificuldades da vida. Quando você está em meio às más notícias, de imediato liga para seu melhor amigo. Pode ser um problema financeiro, um encontro que não foi bom, uma criança dando trabalho ou problemas no casamento. Nossa mente leva um tempo para tomar decisões difíceis quando estamos em meio aos dilemas e, algumas vezes, apenas precisamos de alguém por perto para estar presente. Ficamos em estado de choque e precisamos de ajuda para fazer as escolhas certas.

Certa vez um amigo me ligou quando sua filha adolescente tinha acabado de ser pega em uma situação péssima relacionada a drogas. Ele é uma pessoa capaz e eu sabia que conseguiria lidar com aquilo. Mas ele tinha sido pego de surpresa pela notícia. Depois de alguns minutos, entretanto, traçamos um plano para os próximos passos a serem dados. Meu amigo poderia ter feito isso sozinho, mas teria levado mais tempo e estaria mais esgotado emocionalmente. Por essa razão que melhores amigos, de imediato, ligam uns para os outros.

Queixas

Melhores amigos desabafam entre si. Ou seja, há situações que não podemos mudar ou fazer nada, mas simplesmente precisamos de alguém para desabafar. Sentimo-nos melhor quando nos queixamos em relação a algo que nos frustra, mesmo que não resulte em nada a conversa. Ao menos, nosso melhor amigo tem conhecimento e não ficamos sozinhos em meio aos fatos. Isso é o que acontece em bons casamentos, quando os cônjuges no final do dia desabafam sobre o que lhes incomoda. Não tem nada a ver com consertar, mudar ou aconselhar, mas com o fato de não estar sozinho nisso. É por isso que se você tem o gene do aconselhamento, você deve restringir isso com seu melhor amigo ou então peça permissão antes de sugerir algo. Por outro lado, tome cuidado para não ser um queixoso crônico. Algumas pessoas têm apego emocional ao se queixarem e você não vai querer estragar sua melhor amizade com isso.

Certas pessoas preocupam-se por estar desabafando de forma errada ou até mesmo demasiadamente. Isso pode acontecer e tem como você lidar com essas situações. Inicie perguntando ao seu melhor amigo se você está sendo muito intenso ou falando com ira. Ele poderá dizer: "Não, isso é normal!". Ou talvez dirá: "Sim, é um pouco demais para mim!" Se você ouvir isso por mais de uma pessoa, talvez seja a hora de procurar um terapeuta para lhe ajudar com suas emoções. Além disso, olhe para os frutos do desabafo. Se lhe ajudam a resolver os problemas, a ser responsável e a levar sua própria carga, então está tudo bem. Mas se aumentam a sua dependência, de modo que você não consiga viver sem agir assim, talvez você precise procurar alguma ajuda.

Quanto mais cedo, melhor

Imediatismo ajuda seu melhor amigo a lhe socorrer. Estar "no momento" ajuda vocês a se comprometerem emocionalmente e também no relacionamento, enquanto a experiência ainda está fresca. No momento que isso for resolvido, a contribuição do seu melhor amigo terá menos impacto. Enquanto o que aconteceu estiver fresco em sua memória, ele pode ser uma parte que traz sentido à experiência. Você pode ver Paulo desejando estar face a face com seus amigos pelo mesmo motivo: "Porque desejo ver-vos, para vos comunicar algum dom espiritual, a fim de que sejais confortados" (Rm 1.11).

Nada é mais triste do que um melhor amigo descobrir depois de várias semanas, o fato de seu amigo ter tido uma grande perda ou mudança de vida e não ter-lhe contado. Um amigo meu que vive em outro estado, perdeu seu emprego. Quando liguei para ele por estar sentido sua falta, então me contou. Quando perguntei: "Porque você não me ligou?", disse: "Eu não queria ser muito importuno". Conversamos um pouco mais acerca disso, pois o que ele não sabia era que por não me manter atualizado é que, por definição, se tornava importuno. Agora eu iria ficar preocupado com algo considerável que pudesse acontecer na vida dele e que não saberia até que eu ligasse.

Se, igual ao meu amigo, você não quer ser um fardo para o seu melhor amigo, então precisa repensar suas atitudes. É para isso que os melhores amigos são. A má interpretação é porque algumas vezes pensamos que por compartilhar nossos problemas, possamos esgotar os outros. Mas compartilhar é apenas falar e pedir apoio, não é pedir um empréstimo ou alguma resposta mágica ou libertação. E entre melhores amigos, dividir as cargas na verdade promove mais conexão, intimidade e aproximação. O fardo em si é aliviado, em vez de ser aumentado.

Quem está na sua lista de imediatos? Certamente são aqueles que precisam de você: seus filhos, seu cônjuge, seu trabalho. Acrescente aqueles que você também precisa. Utilize-os. A vida é mais real quando você compartilha.

7

O que É mais Importante

Princípios são importantes em grandes amizades

Um bom amigo que tenho, envolveu-se em uma parceria de negócios muito difícil, onde foi prejudicado. Na verdade, o ex-parceiro desviou uma grande quantidade de dinheiro para si. Por isso, a sociedade estava sendo muito desfavorável financeiramente para ele. Só que o que mais importou, foi o fato de sua confiança ter sido quebrada no relacionamento.

Quando conversamos acerca disso, fiquei surpreso com sua reação. Ele teve uma chance de ficar com algo financeiramente, mas motivado simplesmente por vingança e com uma série de movimentos estratégicos, buscava meios para prejudicar o ex-parceiro.

Perguntei-lhe como isso se encaixava em suas crenças e ele disse: "Pelo que ele me fez, isso é justificável!" Eu pressionei-o e ele foi evasivo: "O que é justo, é justo!" Não consegui prendê-lo em uma conversa mais séria. Estava claro que sua ferida e raiva ditavam as coisas. Então percebi que era mais do que mágoa: era um princípio que ele tinha dentro de si. Tivemos várias outras conversas relativas a esse assunto que sempre tinham o mesmo resultado ao final. Tentei ser simpático em relação à sua dor e ajudá-lo a deixar a raiva ir embora. Finalmente, falei para ele que essa postura não iria cooperar em seu favor e que essa não era uma atitude saudável a ser tomada. Aconselhei-o a buscar outras avaliações e até mesmo ajuda por causa desse problema. Mas ele não quis ouvir minha opinião. Era mais do que uma reação emocional. Ele realmente havia colocado mais valia em manter essa atitude, do que em seguir adiante. Comecei então a perceber esse padrão em seus outros relacionamentos. Ele se apegava de maneira não saudável a certas coisas contrárias de outras pessoas, em vez de perdoar e deixar de lado quando era necessário.

No entanto, depois disso, nossa amizade modificou-se um pouco. Eu realmente gostava dele, tínhamos muito em comum e sempre me divertia com nossa amizade. Mas não conseguia ser mais próximo dele como gostaria. Eu me perguntava se ele não se vingaria de mim, caso eu lhe desapontasse. Infelizmente, eu me distanciei. Não que eu me visse como alguém melhor do que ele; no entanto, mais intimidade não era possível. Ainda somos amigos e passamos tempo juntos, mas não somos melhores amigos. Para mim, compartilhar princípios é muito importante em um relacionamento de melhores amigos.

Porque princípios são importantes?

Princípio não é uma palavra que desperte atenção. Ela não evoca sentimentos profundos de paixão, alegria ou intimidade. Ela não nos traz um estado de contentamento. Mas mesmo não sendo uma base de concreto de uma casa, não queremos ficar sem ele. Princípio é simplesmente o fundamento da vida e dos relacionamentos e nós precisamos pensar acerca deles de maneira mais séria. Nossos próprios princípios nos ajudarão a determinar a direção de nossas vidas, de alegria ou miséria, assim como nos ajudarão a determinar a qualidade das nossas amizades.

Princípios são simples representações do que é mais importante para nós — as coisas que mais importam. As de menor importância podem ser opiniões ou preferências, mas não princípios.

Princípios fundamentais

Princípios fundamentais são todas as verdades gerais que norteiam todas as áreas de nossa vida. Alguns poucos princípios fundamentais são mais importantes do que uma grande quantidade deles. Se você tem muitos, pode acabar se desviando em uma busca obsessiva por aqueles que são mais importantes. Lembre-se de que Deus nos deu Dez Mandamentos e depois os resumiu em dois: amar a Deus e uns aos outros (Mt 22.35-40). Nesses poucos princípios devem estar incluídos:

- *Amor*: fazer dos relacionamentos e uniões a principal parte da minha vida;
- *Responsabilidade*: tomar posse da minha vida e caminho;
- *Liberdade*: fazer minhas próprias escolhas e aceitar a liberdade de escolha dos outros;
- *Perdão*: receber e dar pelas imperfeições das vidas.

Princípios fundamentais são também importantes em amizades íntimas. Você pode imaginar investir horas de amizade com alguém que dê pouco valor à liberdade e queira controlar o seu tempo? Ou alguém que realmente não deseja um relacionamento? Ou alguém que não se responsabiliza pela sua própria vida e as consequências disso para você? Ou alguém que leva em conta todas as vezes que você o decepcionou e sempre lhe faz lembrar-se do fato? Cedo ou tarde algo irá se quebrar, como no exemplo do meu amigo. Ele desvalorizava o princípio do perdão, enquanto para mim isso é inegociável, o que se tornou uma barreira entre nós.

Princípios circunstanciais

Princípios circunstanciais são diferentes de princípios fundamentais. Eles são seu conjunto de crenças sobre como conduzir algumas áreas específicas de sua vida. Por exemplo, você pode estabelecer certos valores em relação à sua família, suas finanças, seus negócios, suas necessidades, sua saúde ou sua visão política. Todos nós precisamos pensar acerca do que seja mais importante para nós, como também menos importante.

Entretanto, os melhores amigos podem ter mais princípios circunstanciais diferentes do que os fundamentais. As diferenças em princípios circunstanciais promovem debates, reflexões, crescimento e humildade, conquanto que os princípios fundamentais sejam a base que mantém essa amizade. Tive muitas discussões desafiadoras e vigorosas com meus melhores amigos acerca de questões circunstanciais e essas conversas me ajudaram a crescer, consolidar algumas crenças e modificar outras. Se no seu círculo íntimo, vocês não têm algumas diferenças em relação aos princípios circunstanciais, talvez você deva pensar sobre isso. Você pode estar estagnado. Talvez seja hora de ver se seus amigos estão apenas sendo amistosos ou se estão realmente envolvidos no relacionamento.

Por exemplo, eu e minha esposa temos bons amigos em todos os locais de convívio que nossos filhos frequentam: público, privado, cristão e em casa. E quando estávamos decidindo sobre o que queríamos em relação aos nossos filhos, fazíamos nossa própria pesquisa e falávamos com várias pessoas. E assim tínhamos conversas muito produtivas e obtivemos diferentes respostas sobre as crianças.

Tenho amigos que são ratos de academia, que têm uma excelente forma física, com baixo teor de gordura no corpo e que fazem dietas rigorosas, como também tenho amigos que têm uma visão mais livre acerca desses assuntos e cuja maior paixão alimentar é um perfeito cheeseburguer com bacon. Eu também amo participar de jantares e conversar com os amigos que são conservadores,* como também com os liberais.

Enquanto seus princípios fundamentais devam ser inegociáveis, você deve ter melhores amigos que não compartilham de todos os seus princípios circunstanciais. É bom ter uma variedade de amigos que possam lhe ajudar a se estruturar.

OS PRINCÍPIOS DIVINOS

Se você é cristão, espero que também tenha amigos que não sejam cristãos. A mentalidade do "grupo santo", onde apenas revelamos quem somos com outros da nossa fé, simplesmente não funciona. Pessoas se sentem julgadas e inferiores se a mantivermos distantes por causa de nossos valores espirituais. E há muitas pessoas maravilhosas que não compartilham da fé cristã, mas que são muito calorosas, sensíveis e que possuem excelente caráter. Ambos podem se beneficiar dessa amizade e notar que têm muito a oferecer um ao outro.

No entanto, se você não pode (ou não consegue) compartilhar quem é internamente com outros — ou seja, seus princípios fundamentais — isso revela certo tipo de limitação embutida em seu nível de intimidade. Isso não quer dizer que alguém é melhor ou pior do que o outro; só revela que o modo de se relacionar influencia um ao outro. Por esta razão, penso que seja melhor você ter certeza de que está realmente convivendo com cristãos que são salvos e que queiram crescer com você.

Se você não encontrou amigos íntimos cristãos, talvez seja melhor saber o motivo. Alguns cristãos foram feridos por outros

---

* **N. do T.:** Visões políticas nos EUA.

cristãos e por isso se sentem intimidados pelos da mesma fé. Foram julgados e condenados por cristãos, mas encontraram aceitação e carinho por parte dos não cristãos. Se este é o caso, você deve procurar uma igreja onde exista amor e aceitação e, do mesmo modo, que haja sinceridade e honestidade. Você precisará curar o seu passado e se arriscar. Há muitas pessoas que compartilham seus princípios cristãos e que também procuram ser íntegros e saudáveis.

AVALIANDO OS PRINCÍPIOS DE UM MELHOR AMIGO

Descobrir quais são seus princípios fundamentais pode ser algo novo para você e seus melhores amigos. Algumas vezes as pessoas são regidas por princípios que na verdade não combinam com elas. Fazer perguntas como: "Será que estou expressando realmente meus princípios?" e "O que você acha de mim?" talvez ajude ambos a se estruturarem. Muitas vezes reconhecemos aquilo em que acreditamos quando nossos princípios os indicam: "Eu nunca quis que você se sentisse culpado por não ter condições de estar comigo, quando ocupado" é uma indicação do princípio de liberdade, por exemplo.

Se você e seu melhor amigo encontraram muitas diferenças em seus princípios fundamentais, provavelmente vocês devem estar tendo algum tipo de relacionamento conflituoso nesse momento. Ajudará se vocês conversarem acerca dessas diferenças e, se possível, melhorarem isso.

Além disso, tragam os princípios circunstanciais para o contexto das áreas mencionadas acima. Pergunte: "Acerca disso, como eu e você ficamos?" Isso será uma ajuda específica para que vejam se ambos poderão continuar conectados um ao outro, mesmo com diferenças significantes nos princípios.

Estava recentemente conversando com um amigo sobre questões políticas. Diferentemente dele, eu tinha uma visão contrária nessa questão, até que ele disse: "Bem, então vamos ter que nos separar".

Perguntei: “Você está brincando? É isso?” Fiquei surpreso por ver que ele estava disposto a terminar com a nossa amizade por causa disso e naquele momento. Então eu o desafiei a pensar sobre isso e voltar atrás. Mas isso foi um bom exemplo de como é fácil confundirmos a nossa paixão com nossos amigos, nossos princípios fundamentais com nossos princípios circunstanciais e, por isso, é importante que identifiquemos ambos.

Mantenha uma separação entre seus princípios circunstanciais e seus melhores amigos. E esteja intimamente conectado um ao outro em seus princípios fundamentais. Em tempos de dificuldade, seus princípios serão uma luz a guiar seus passos. E em tempos de alegria, eles aceleração seu processo de crescimento.

8

Permissão para Ser Sincero

Quão sinceros são seus melhores amigos? Há liberdade e honestidade entre ambos ou você tem que andar pisando em ovos? Por exemplo, pense nas grandes experiências de vida que lhes fizeram crescer, como quando você se conheceu de modo mais profundo ou tomou alguma decisão específica sobre a vida, carreira ou relacionamentos. Quantas delas foram influenciadas por alguém sendo honesto com você? Em minha vida, a autenticidade de outros foi fundamental para meu crescimento.

Todos nós precisamos ser capazes de ser sinceros. Isso está dentro de nós, e devemos expressar isso. Simplesmente fomos feitos desse modo. A Bíblia afirma que quando temos um coração que fala a verdade, habitaremos no Santuário de Deus (Sl 15.1,2).

Quando a honestidade é frequentemente um princípio fundamental em um relacionamento de melhores amigos, também se torna um hábito que é praticado todos os dias de suas vidas. Ser sincero mantém nossas consciências tranquilas, ajuda-nos a resolver os problemas e nos auxilia a estabelecer nossa própria identidade, responsabilidades e capacidades. Quando não conseguimos ser honestos, simplesmente começamos a nos deteriorar relacional, física, emocional e espiritualmente. Como diz Provérbios 10.18 (NVI): "Quem esconde o ódio tem lábios mentirosos, e quem espalha calúnia é tolo". No livro que eu e Henry Cloud escrevemos sobre limites, vemos que a sinceridade é simplesmente parte da justiça divina, e essencial em todo bom relacionamento[1]. Sinceridade é fundamental para seu sucesso, vida e crescimento.

Os dois modos em ser sincero

Há dois modos de ser sincero entre melhores amigos. O primeiro é ser sincero *acerca de você mesmo*. Isso tem a ver com valores e preferências: se você é conservador ou liberal ou algo semelhante a um deles; qual esporte que você gosta; se prefere pequenas reuniões ou grandes multidões. São simples informações que possibilitam as pessoas conhecerem umas às outras.

Você também deve dizer ao seu amigo, se você não gosta do seu trabalho ou se está infeliz em seu relacionamento. Esse é outro modo de ser sincero acerca de si mesmo. Você deve dizer se não está satisfeito com o rumo que sua vida está seguindo, ou se você questiona a Deus e seu agir nos dias atuais. Em vez de ficar tentando mostrar algo positivo em relação a tudo que lhe deixa ansioso, agir desse modo lhe fará ser honesto acerca de você mesmo, ajudará a outra pessoa a confiar em você e sentir-se mais confortável por estar com alguém que possui limites e é transparente.

O segundo modo em ser sincero é tão difícil quanto o primeiro: ser sincero *acerca da outra pessoa*. É difícil por causa do risco que isso envolve, mas é também extremamente necessário.

Amigos íntimos requerem esse tipo de sinceridade para que ambos possam ter a ajuda necessária, a fim de serem melhores pessoas possíveis. Senão, quem é que vai lhe dizer que você tem uma casca de feijão nos dentes? Ou que aquela pessoa que você está encontrando é de caráter duvidoso? Ou que tem vezes que você se isola? Você precisa saber tais informações, que podem ser valiosas e vitais. Por acaso você não quer ter em sua vida, pessoas que lhe transmitam segurança e que pode procurar quando necessário, em vez de ter que fazer isso com outros que lhe julgam?

Um membro de minha equipe de trabalho é minha "juíza de estilo". Ela tem muito bom gosto, muito mais do que eu, e quando tenho que me arrumar para alguma conferência ou gravação de um vídeo, ela não hesita em dizer: "Você está horrível com isso! Não use isso!" Eu aprecio sua honestidade. Como isso pode me ferir se ela está me ajudando a ser mais apresentável?

Graça antes de ser sincero

Para a maioria de nós, ser sincero nem sempre é fácil em nossas relações de melhores amigos. Embora compromisso enfatize proximidade e intimidade, a sinceridade pode evidenciar medos e ferir sentimentos, promover conflitos e alienação. Se você tem sido "sincero sem a graça" com alguém, mesmo que seja acerca de algo que tenha dito sobre você, isso pode levar a pessoa a se sentir condenada ou julgada. Por isso evitamos pessoas que são rudes em sua sinceridade e procuramos não correr o risco de agir do mesmo modo.

Mas isso não precisa ser assim. Duas pessoas que genuinamente se importam uma com a outra, podem realmente dar e receber a verdade, se sentirem próximas e encontrarem apoio entre si. Isso requer um pouco de trabalho, prática e coragem, mas vale a pena.

Sempre se lembre: mesmo que a graça e a verdade andem juntas, primeiro vem a graça. Sinceridade requer o desenvolvimento da equidade relacional na amizade. É difícil compreender quando você não tem tempo para perceber que a pessoa está do seu lado. No entanto, acredito que a maioria dos melhores amigos possui considerável montante de equidade. Nas minhas observações, a maioria dos melhores amigos são tão cuidadosos uns com os outros, têm muito medo de ferir ao outro ou causar problemas. Penso que é porque não nos acostumamos em "ouvir a verdade" sobre o final da vida, não termos as experiências necessárias que possam ajudar e não prejudicar o relacionamento. Tente mudar isso tomando a iniciativa em ser positivo, confirmando as experiências e palavras que compartilham. Provavelmente encontrará mais boa vontade do que pensa ter.

Pondere sobre a proporção de graça e verdade em suas melhores amizades. De modo geral, pessoas que têm mais firmeza em compromissos do que em ser sinceras, terão mais amigos do que aqueles que são ao contrário. É difícil manter o relacionamento com uma pessoa honesta, mas que tem dificuldades em manter compromissos, mesmo que você saiba que ela seja uma boa pessoa.

Pense no programa de TV *American Idol**[1]. Simon Cowell*[2] é um dos fatores mais importantes para o sucesso estrondoso deste programa. Sem dúvida! E ele é único que por vezes diz o que acha dos candidatos, mesmo que em certos momentos seja meio cruel. Mesmo assim, ele não é o tipo de pessoa que você procuraria primeiro para que possa ter uma compreensão sobre seu mundo interior! No entanto, os outros jurados têm sido criticados por serem tão complacentes com algumas pessoas que, na verdade, não têm nada para poder estar lá — "Você pode fazer melhor, eu sei que pode; apenas acredite em você mesmo; quero vê-lo de volta aqui!"

---

*[1] **N. do T.:** programa de competição dos Estados Unidos, que desde sua primeira temporada (em junho de 2002) escolhe novos ídolos da música americana.

*[2] **N. do T.:** Simon Cowell é o apresentador do programa, que conta também com 4 jurados em cada temporada.

Ellen DeGeneres*[3] supostamente abandonou muitos, por se sentir desconfortável com as respostas negativas e a falta de carinho destes. Pense em quantas informações úteis esses julgadores retiveram, e nas desvantagens que ela teve ante a concorrência.

Assim, de modo racional, some graça à verdade, mas sabendo que a primeira deve dominar.

Confrontando da maneira correta

Você também encontrará, algumas vezes, reações adversas e resistência em seus relacionamentos de amizade quando agir com sinceridade. Algumas pessoas, por causa de um passado dolorido ou por questões de caráter, definem a verdade como condenação, não vendo nenhuma diferença nelas. Portanto, quando você é verdadeiro, elas fazem tal conexão. Quando você traz à tona algo sincero, elas se sentem perseguidas e atacadas. Não há meio termo. Se isso for uma questão pequena, melhores amigos podem conversar e tratar sobre isso para solucionarem tais divergências, que são basicamente resolvidas pela confiança e sinceridade. Mas se é uma questão de grande importância e não há meios de seu melhor amigo ouvir a verdade, não importa o quão cuidadoso você procure ser, talvez seja o caso de avaliar se esse é realmente um relacionamento de melhores amigos ou não. Simplesmente pode haver uma restrição à sinceridade na relação que deva ser confrontada. Por outro lado, se você tem bons amigos, estes podem lhe surpreender por saberem lidar com a verdade que você lhes mostra quando ela está envolvida pela graça.

Almoçava com alguns amigos que havia encontrado. Nos últimos meses um deles, Paul, havia deixado de se contatar com o restante do grupo. Tinha se distanciado um pouco de todos. Não o víamos com frequência e estávamos tendo dificuldade em

*[3] **N. do T.:** comediante/atriz americana que apresenta seu próprio programa de entrevistas e entretenimento.

agendar algo. Durante o almoço, Keith trouxe à tona a ausência de Paul e lhe perguntou o que estava acontecendo. Paul disse que seus negócios haviam tido uma mudança drástica com a queda da economia, e ele acabou ficando sem condições de estar disponível. Keith o contestou dizendo: "Eu entendo isso, mas você nem mesmo retornou as ligações que lhe fiz". As coisas ficaram um pouco tensas e Paul replicou: "Na verdade, tenho que admitir que você está certo. Eu não retornei suas ligações porque você agiria com veemência e iria querer me obrigar a ter encontros com você, quando eu não tinha tempo. Então, evitei você!" Foi quando entrei em cena e disse: "Paul, você tem razão, Keith algumas vezes é veemente. Mas você conhece Keith muito bem, como todos nós também. Já sabe há anos que ele está do seu lado e não contra você. Gostaria que você visse o porque realmente não se sente confortável em ligar para o Keith, e simplesmente lhe dizer: 'Eu estou atolado de serviço e não vou estar disponível por algum tempo'".

Keith então disse: "Realmente tenho sido agressivo e peço desculpas por isso. Mas se você me tivesse dito que estava sobrecarregado, eu respeitaria isso. Simplesmente não sabia o que estava acontecendo, por não conseguir falar com você". Paul ficou pensativo e depois disse: "Você está certo. Apenas fiquei um pouco nervoso e não acreditei que você estava realmente do meu lado. Não farei isso de novo!". Fiquei preocupado por Paul ficar isolado na conversa por algumas horas depois do almoço. Aliviei-me quando recebi um e-mail dele no final da tarde nos agradecendo por aquelas horas e pela sinceridade, que esperava que agendássemos outro encontro para almoçarmos.

Ele valoriza a amizade, a sinceridade e a oportunidade de crescimento.

Com certeza esse não foi um almoço de homens de negócios normal e a maioria dos meus encontros não são assim. Mas nós éramos amigos íntimos e esse foi um encontro poderoso e proveitoso. Do nosso jeito, eu e Keith levamos Paul a crescer em relação a sua dificuldade em lidar com conflitos. Não foi confortável. Mas se o conforto é o único valor em uma amizade, melhor ter amizade com uma poltrona de couro do que com pessoas. Melhores amigos são completamente sinceros e impulsionam um ao outro a crescer.

Uma das coisas maravilhosas que você pode fazer ao seu melhor amigo, é reconhecer o potencial que ele tem e ajudá-lo a alcançar. Você pode perceber um ponto cego que está prejudicando a vida dele, ou então perceber que ele vê como maravilhoso o que é capaz de fazer. Tome todas as informações e lhe ajude a ser uma nova pessoa! É isso que o Novo Testamento nos ensina, como uma das razões centrais, para que estejamos ao lado um do outro e nos conectemos uns aos outros: "Dele todo o corpo, ajustado e unido pelo auxílio de todas as juntas, cresce e edifica-se a si mesmo em amor, na medida em que cada parte realiza a sua função" (Ef 4.16, NVI).

Os dois aspectos do crescimento

Quando os melhores amigos são desafiados a se tornar pessoas mais excelentes, é importante saber que esse crescimento tem dois aspectos distintos. Primeiro é crescer "do bom para o melhor", como diz o guru empresarial Jim Collins*[4] em seu livro[2]. Do bom para o melhor, refere-se àquelas capacidades e potencialidades que vocês têm e que ainda não perceberam. Uma habilidade, um sonho, uma paixão ou uma possibilidade que ficou estagnada no nível aceitável, mas que pode alcançar o nível "fantástico". Por exemplo, um indivíduo que tem o dom da música, mas que realmente ainda não o desenvolveu; ou alguém que tem a ideia de uma interface (site) de negócios, mas que não se esforçou para estruturá-lo; ou uma pessoa que se compadece pelos outros, no entanto ainda não pensou em se dispor a usar isso em algum contexto ministerial.

*[4] **N. do T.:** Jim Collins é um estudioso do comportamento de grandes empresas, formador de líderes empresariais, orador e autor de vários artigos e livros sobre gestão empresarial.

Pense agora nos seus amigos mais próximos, afirmo que você verá potencialidades específicas que eles mesmos não percebem. Isso faz parte da condição humana. Talvez você tenha até dito: "Você já pensou em ter um blog acerca disso?", antes que a conversa rapidamente mude de assunto. Seja mais assertivo nesse momento, não deixe a conversa mudar seu rumo com ele dizendo: "Não sou realmente bom nisso. E então, como vão as crianças?" Pressione-o em conversar um pouco sobre suas ansiedades e inseguranças. Isso não significa ser controlador ou fazer algo doloroso, mas permiti-lo reconhecer que isso é importante. E se daqui a um ano ele publicar o que escreveu e começar a ser pago por isso? Você se sentirá plenamente satisfeito por sua contribuição.

O outro aspecto do crescimento é: "do quebrado para o restaurado", referindo-se ao processo de cura. Nós não temos apenas potenciais não reconhecidos, mas também bagagens, problemas, dores e feridas. Elas podem ser cicatrizes emocionais ou de relacionamentos do passado, quando experiências nocivas modificaram nosso modo de ver a vida.

Quando alguém está quebrado, o tempo apenas não trará a cura. Tempo, por si mesmo, não cura todas as coisas, enquanto que o tempo, acrescido de relacionamento e verdade, pode curar qualquer coisa. Mas temos a tendência de ignorar a dor, tentar viver ao seu redor ou acima dela. Dá trabalho, exige esforço e é desconfortável curar verdadeiros problemas, medo de intimidade, culpas, vícios e coisas semelhantes.

É aí que os melhores amigos entram. Seja o agente de cura: deixe seu amigo saber que você quer que ele tenha uma vida melhor e que você se importa o suficiente com ele. Dizer ao melhor amigo: "Gostaria que você procurasse um terapeuta para ter alguma ajuda em relação a isso", é uma das coisas mais produtivas em relação ao crescimento dele que você pode fazer. Você não pode promover a cura sozinho — apenas Deus, seu amigo e o conselheiro conseguem —, mas você pode ser aquele que ajuda a tornar válido e real, o que a outra pessoa escolher.

Minha esposa e eu jantávamos com um casal de vizinhos, que são realmente ligados a nós. Mas quando as mulheres foram para certa parte da casa por alguns minutos e nós, os homens, fizemos o mesmo, o marido relatou alguns problemas significantes que eles estavam tendo. Senti muita compaixão por ambos, mas sabia que uma conversa de fim de noite não seria suficiente para consertar as áreas nas quais estavam tendo problemas. Então eu o incentivei a procurar um terapeuta conjugal, sugeri um que eu sabia que faria um bom trabalho. Duas semanas depois, meu vizinho me disse que eles haviam marcado uma consulta e que estavam cheios de esperança pela primeira vez.

O que quero dizer é que todos nós temos, em algum nível, certas disfunções e precisamos de ajuda, como também ajudar. Portanto, seja o amigo que vai além da empatia. Seja sincero e ajude seus amigos a alcançarem a cura de que necessitam.

A HABILIDADE DE SABER INCENTIVAR

A menos que você esteja fazendo alguma intervenção, tenha cuidado para não ser veemente e direto com seus amigos em suas crises. Mas não deixe algo passar caso seja importante para o crescimento de ambos. Quando você quiser lhe incentivar, precisará ser suscetível. Peça ajuda a ele para que você seja mais acessível e mais saudável possível. Isto permitirá que vocês tenham um diálogo produtivo. Diga: "Uma das coisas que eu desejo na vida é viver bem e alcançar o que eu tenho em potencial. Você pode identificar tais áreas e me dizer, quando eu precisar, se estou ou não crescendo?" Você poderá ouvir de imediato: "Uau! Quando você falou isso, pensei nas suas habilidades em matemática e acho que você tem um grande potencial nessa área!"

Esteja preparado para evasivas e desvios de atenção. Temos tendência a evitar os assuntos que são difíceis e desconfortáveis. Em vez disso, retorne de forma gentil ao assunto difícil. Você pode dizer, por exemplo: "Eu sei que os problemas de escola de seus filhos é algo difícil de ser falado. É doloroso. Mas se você estiver de acordo com isso, gostaria de prosseguir com esse assunto. Talvez possamos encontrar uma solução, ou no mínimo, você poderá saber que tem um amigo que se preocupa".

Faça perguntas que promovam crescimento em várias partes de suas conversas ao longo do tempo, e não apenas sobre algo específico de uma vez. Dizer: "Caramba! Tive uma conversa séria com ela sobre o motivo dela ser solteira e não namorar" é um bom passo. Mas a maioria dos problemas de crescimento exigirá certo registro antecipado de informações. Pegue a visão geral e de longo prazo, leve o seu relacionamento ao um lugar seguro, onde possa ser continuamente monitorado seu crescimento e mudança.

Todos nós precisamos de pequenos incentivos em nossas amizades. Não os evite; faça com que eles sejam normais em seus contatos. Se vocês têm sido consistentemente sinceros um com o outro em vários aspectos da amizade, esses incentivos se tornarão naturalmente parte do relacionamento.

Criando um ambiente de sinceridade

A maioria dos melhores amigos realmente deseja ter permissão para falar sinceramente um com o outro de modo natural e não apenas quando necessário.

Primeiro, seja aquele que é sincero acerca de si mesmo, assim ambos irão saber que a verdade poderá ser dita sem que ninguém se machuque. Traga à tona as suas próprias realidades. Em vez de sempre concordar acerca de tudo, mencione as suas crenças, as preferências que são importantes para você, como também seus gostos e desgostos. Somos algumas vezes culpados por procurar algo em comum em nossas amizades, para assim todos se sentirem confortáveis: ambos gostamos de esportes, arte abstrata, temos famílias, respiramos. Isso pode se tornar uma experiência vazia. Ser sincero acerca de você, dará liberdade para seu melhor amigo também se definir.

As questões a seguir lhe ajudarão a ser sincero e positivo em relação à sua amizade e também trarão liberdade para ambos:

- Como podemos classificar nossa amizade em relação ao quanto somos sinceros acerca de nós, ou seja, nossos valores, crenças e preferências? Será que nossa amizade convive com as diferenças?

- Estamos sendo sinceros um com o outro? Concordamos em confrontar um ao outro em relação a algo que achamos ser importante? Se não, por quê?

- O que podemos fazer para manter a conexão e ainda sermos sinceros?

Eis algumas ideias:

- Preocupa-me poder machucá-lo, pois não quero. Podemos conversar para saber se isso é coisa da minha cabeça ou se é verdade?

- Quero que você saiba que sua opinião é importante para mim. Se algo que estou fazendo é um problema para você ou para minha vida, gostaria que me dissesse. Você tem total permissão para isso!

- O que você acha de nos comprometermos a falar sempre algo sincero acerca de nós em nossas conversas? É melhor buscar ter a verdade como parte integrante de nosso relacionamento, do que um compromisso vazio interrompido por uma sessão de verdade.

Vocês verão que depois de certo desconforto inicial, a sinceridade realmente vai lhes tornar mais unidos. As coisas melhorarão. Lembre-se de que a sinceridade simplesmente permite que uma pessoa se relacione com você. Quanto mais "conhecido" somos, mais podemos crescer e mudar. Esse maior acesso lhe condiciona a ser transformado por um processo divino.

9

Nenhuma Explicação É Necessária

Com certeza você está ciente disso, mas você tem um lado negro.* Ele pode se revelar em várias áreas de sua vida, pode ser pequeno e também pode ser grande. Mas todos nós temos aspectos que não são tão legais ou positivos. Na maioria das vezes, não queremos vê-los ou ter conhecimento deles. Quando o fazemos, desejamos que eles não existam. Quem pode nos culpar por causa disso?

Seu lado negro pode ser um erro que tenha cometido em algum momento do seu passado, que você gostaria de esquecer. Ou então é um hábito que você não consegue deixar de lado e que o envergonha. Você pode ter um padrão de relacionamentos, em que você tem liberdade para revelar seus medos e não falar mais deles, ou pode ter um em que o que você fala lhe causa problemas

* **N. do T.:** No filme *Guerra nas Estrelas*, o "Lado Negro" é uma dos aspectos da "força Jedi" e que é alimentado pelos sentimentos sombrios, como raiva, medo, frustração, inveja e, principalmente, ódio.

e, com isso, afasta as pessoas de você. Qualquer que seja a sua natureza, seu lado negro tende a confundi-lor e assombrá-loar. O apóstolo Paulo conhecia esse sentimento de culpa muito bem: "Porque o que faço, não o aprovo, pois o que quero, isso não faço; mas o que aborreço, isso faço" (Rm 7.15). Essa é a real condição humana. Nós somos falhos, pecadores e nossa força de vontade não pode apagar esses erros.

Somado ao seu lado negro, também tem um "juiz" dentro de você que toma conta dos erros que comete e monta um processo judicial para sair da situação, que é a consciência culpada. Ela aproveita isso como uma oportunidade para o condenar e culpar. Quem não está familiarizado com pensamentos como: "Sou um perdedor!" ou "Nunca farei isso!" ou mesmo "Não consigo me levantar!"? As palavras desse "juiz" são um aguilhão que nos faz correr com medo da vida.

São nesses momentos que mais precisamos de nossos melhores amigos, para que nos conheçamos e aceitemos quem somos por completo. É quando nossos melhores amigos realmente se tornam brilhantes. Sc existe algo que nossos melhores amigos podem fazer e que é maravilhoso, incrível e é ao menos o que esperamos, é aceitar-nos como somos, deixando a vergonha e a culpa do lado de fora. Com sua compaixão, eles neutralizam o aguilhão desse nosso "juiz" interno. Quando seus amigos não têm nenhuma ilusão acerca de você, conhecem suas falhas e estão ao seu lado de qualquer maneira, você realmente consegue saber que é aceito em um nível profundo. Quando somos aceitos pelo que somos, temos verdadeiramente competências para ter sucesso e crescimento na vida. Em nossas melhores amizades ficamos bem com o outro, mesmo ele não estando bem.

O ideal é seu melhor amigo ter conhecimento de todas as suas falhas e feridas. Quanto mais uma pessoa o conhecer de modo profundo, mais completo você se torna. Isso é melhor do que quando uma pessoa tem conhecimento sobre o seu passado, outra sobre o seu casamento e outra acerca das dificuldades no seu trabalho, por exemplo. Fomos feitos para ser completos e para completar outros nos relacionamentos. Talvez vocês não tenham tempo e espaço para poder compartilhar detalhes sobre cada acontecimento, mas isso não é necessário. Geralmente é suficiente que tenham conhecimento panorâmico sobre tais acontecimentos, imagens globais sobre sua realidade e que o amem de qualquer maneira.

Se conexão é a habilidade de encher os tanques do outro com graça e amor, então aceitação é colocar aditivos de limpeza nesse combustível. Ela neutraliza a sujeira que se acumula no tanque. Necessitamos de ambas as habilidades em nossas amizades.

Dissipando a escuridão

Ser aceito de modo profundo pelos amigos nos ajuda, além do fato de sermos aceitos pelos outros, mas por nós mesmos. Quando nossos relacionamentos mais íntimos nos conhecem e nos aceitam independentemente dos fatos, nos sentimos livres para confrontar nossas fraquezas como um problema, em vez de vê-las como uma condenação. Podemos dissipar a escuridão quando não estamos nos afogando por causa dos aguilhões da consciência culpada. Quando não somos aceitos, temos mais propensão a simplesmente evitar tais julgamentos e nos afundarmos nos problemas.

Por exemplo, quando em meu trabalho atendo uma pessoa que está lutando com algum tipo de vício sexual, temos que enfrentar a fase da vergonha. Geralmente é algo tão intenso que a pessoa mal consegue suportar falar sobre isso, compreender as raízes de tal problema ou confrontá-lo. Os viciados em sexo têm a tendência de prematuramente se associar a alguém. Eles entregarão suas vidas a Deus, comprometer-se-ão com uma igreja ou pequeno grupo e prometerão que nunca mais agirão assim novamente. Isso trará uma sensação de liberdade temporária, um tipo de "é um novo dia", mas quase nunca é durável, por ser uma questão não resolvida. Simplesmente a pessoa se livrou da vergonha, até o próximo episódio, quando ela se tornar desanimada e inútil. Assim será até que ele se sinta aceito por mim, seu psicólogo, e também por alguns dos seus melhores amigos, que o aceitam e amam e que não o façam se sentir envergonhado. Somente assim ele poderá realmente compreender que o sexo não é um problema, mas que ele tem um problema sexual. O pecado e a prática sexual errada são sintomas de problemas profundos. Muitas vezes os problemas sexuais são impulsionados pela solidão, impotência e dor. Uma vez que se sinta acolhido, direciona o olhar para o seu lado negro. Olha para sua história de relacionamentos, sua dinâmica familiar, como resolve seus problemas e como encara a vida. Citando alguns motivos, podemos dizer que suas atitudes revelam alguma dor, problemas de relacionamento ou de caráter, isolamento ou sensação de desamparo. Quando as causas são identificadas, pode procurar resolver os problemas tão profundos. Tenho visto muitas pessoas sendo libertas quando passam por esse processo.

Esse é o poder da aceitação de um amigo: ele abre as portas que nos libertam dos problemas que nos afligem. Como Tiago disse: "Portanto, confessem os seus pecados uns aos outros e orem uns pelos outros para serem curados" (Tg 5.16, NVI).

Se a aceitação de outros não fosse importante e se simplesmente pudéssemos tentar arduamente mudar nosso caminho, não necessitaríamos da graça do Salvador ou do processo de redenção. Nossos melhores amigos são parte integrante nesse processo. Regularmente digo aos meus clientes que o processo de cura deles pode ser potencialmente acelerado se tiverem grandes amizades, e assim o trabalho que estamos tendo terá suporte. Tais relacionamentos serão um lugar em que poderão levar as dores e problemas com os quais estão lutando.

Seja sincero em relação ao seu lado negro, deixe seus melhores amigos andarem com você através dele e, também, esteja com eles passando pelos seus lados sombrios. Algumas vezes seus melhores amigos não reconhecerão seu próprio lado negro, infelizmente. Faça tudo que seja possível para amavelmente lhe mostrar que mesmo que esteja se sentindo seguro, suas escolhas o estão levando para um caminho de destruição e que você quer ajudá-lo a dar os passos certos.

A VERDADEIRA QUESTÃO

Algumas vezes, procuramos nossos melhores amigos com o intento de não sermos fisgados e, assim, diminuir nossa vergonha e autojulgamento. Isso mesmo! Queremos que eles nos mostrem que nossos erros foram por causa de outras pessoas, ou que foi tudo um mal-entendido. Enquanto encontrarmos esse tipo de alívio, não seremos realmente ajudados. Os males do lado negro ainda continuarão presentes. A atitude de rotular nossos erros como um acidente não modificará sua natureza e nos tornará impotentes para crescer e nos transformarmos. Verdadeiros melhores amigos aceitam o que os erros realmente são, e nos amam apesar disso.

Por exemplo, uma amiga passou por um doloroso e confuso divórcio. Felizmente ela tinha um grupo de amigos muito caloroso e receptivo, que esteve ao seu lado durante todo esse tempo. Mas enquanto eles foram compreensíveis e compassivos em relação ao abandono do seu marido, também trataram seus próprios erros como reais. Quando ela se sentiu péssima por causa dos ataques que fazia ao seu ex-marido ou por impedir o contato dele com as crianças, eles não lhe diziam: "Não tem problema, isso não é nada em comparação ao que ele fez com você" ou "O comportamento dele forçou você a agir dessa maneira". De fato, diziam: "Sim, foi errado o que você fez, mas nós a amamos e vamos ajudá-la a não fazer isso de novo". Eles a aceitavam, no entanto eram honestos com ela acerca das suas atitudes.

DESENVOLVENDO A ACEITAÇÃO

A aceitação entre seus amigos pode ser aprendida e desenvolvida. Não é algo que acontece em um segundo, mas é um processo qualificado em qualquer relacionamento. A seguir, estão alguns caminhos que podem promover essa parte tão importante em seus relacionamentos.

Dê o primeiro passo e faça seu próprio inventário, identificando os problemas que seu lado negro provoca em você, que seus melhores amigos não conhecem ou que ambos não tenham ainda realmente se aprofundado em conhecer. Isso não é apenas para você; é para suas amizades. Você está lhes dando condições de rejeitá-lo ou julgá-lo. Mas se forem realmente melhores amigos, se aproximarão mais de você, irão conhecê-lo e serão mais abertos com você acerca de seus próprios problemas.

De novo, vá além das situações dolorosas que o feriram. Traga suas próprias más escolhas e comportamentos, que é o que realmente importa ser aceito.

Aqui estão algumas perguntas que podem clarear e direcionar essa conversa:

- *O que você acha que temos feito para que aceitemos um ao outro em suas falhas e erros?* Por acaso minimizamos o que é negativo ou com bravura vamos aonde está escuro?

- *Algum de nós tem a tendência de ser paternal, julgador ou moralista quando as imperfeições surgem?* Algumas pessoas ficam ansiosas e rapidamente denunciam o problema, repetindo quão inapropriado é o comportamento. Provavelmente é inapropriado, mas, na maioria das vezes, quando a pessoa confessa, está tentando se aproximar de Deus e está bem consciente das suas atitudes inapropriadas. É provável que o moralista esteja lidando com a ansiedade, o julgamento em si mesmo, e projeta isso no outro. Ajude a pessoa ter a graça de ser ouvida e ser aceita.

- *Como podemos evidenciar da melhor maneira a aceitação um para o outro?* Vocês devem ajudar um ao outro dizendo frases como: "Quero que nosso relacionamento cresça, aceitarei qualquer coisa que me disser e preciso disso em você também. Não o condeno em nada, mas caso você sinta isso em mim, por favor me diga".

- Depois de algum risco: *Tenho me julgado muito ultimamente, você pode me dizer o que tem sentindo acerca de mim?* Deixe seu amigo acalmá-lo dizendo que está com você e que está tudo bem. Isso lhes trará uma conexão mais forte.

Quanto mais praticar isso em seus relacionamentos, mais você verá que está não apenas resolvendo os problemas com os quais tem lutado, mas que é capaz de discutir acerca deles e revelá-los com menos constrangimento. Vocês verão que estão chegando a algum lugar quando forem capazes de fazer piadas acerca dos problemas de um e do outro.

10

Família, Amigos e Amigos da Família

Suponha que você diga: "Minha irmã é minha melhor amiga". Isso pode ser uma coisa maravilhosa e você pode se considerar uma pessoa felizarda. Significa que você tem uma família e amigos no mesmo pacote. Muitas pessoas não têm esse privilégio. Mas suponha que você diga: "Minha irmã, meus pais e meu marido são meus únicos apoios". Eu diria que isso é um problema e algo a ser considerado.

Eu aconselhava Rick e Jennifer, que estavam tendo problemas em se conectarem e serem íntimos. Jennifer, uma contadora, via Rick, dono de uma pequena empresa de manufatura, como alguém distante e inacessível. Para ela, pelo que vivenciava, ele não tinha emoção. Da sua parte, Rick via Jennifer como alguém pegajosa e algumas vezes instável. Ele achava que nada do que viesse a fazer poderia ser suficiente para ela se sentir amada e segura.

Quando atendo casais, algumas vezes ambos contribuem para o problema, outras vezes apenas uma das pessoas contribui mais significantemente. Trabalhando com esse casal, vi que não era algo que pudesse ser dividido ao meio entre ambos. Rick não tinha tendências a se retirar e não compartilhar seus sentimentos; no entanto, ele estava preocupado com o que acontecia e procurava estar aberto para o fato. Rick estava procurando mudar para estar mais conectado tanto na relação quanto intimamente. Mesmo que fosse um problema real, para ele tinha mais a ver com falhas no relacionamento do que com delitos graves.

No entanto, para Jennifer era algo mais sério. Ela amava Rick, mas também dependia dele de um modo que não era benéfico para ambos. Quando queria sair com amigos, Jennifer se sentia rejeitada. Quando ele não despendia um pouco mais do seu tempo conversando com ela por estar assistindo televisão ou lendo por algum tempo, ela se sentia não amada e sozinha. Não por ser cruel ou egoísta, mas em seu coração, Jennifer simplesmente se sentia assim. Parecia que Rick escolhia ficar longe dela — dentro ou fora de casa —, que realmente não se importava com ela.

Perguntei à Jennifer quais eram os seus relacionamentos mais íntimos e ela respondeu:

— Minha família e alguns poucos outros amigos.

Rick interrompeu:

— Isso não é verdade! É mais sua família do que amigos. Você realmente prefere estar com eles do que com nossos amigos quando saímos.

Jennifer argumentou um pouco no início, mas depois admitiu:

— Tudo bem! Sou mais próxima à minha família do que com aos meus amigos. Você está dizendo que isso é um mal ou algo parecido?

— Não, não é um mal como um todo — eu disse. — Simplesmente é algo incompleto.

— O que isso significa? — perguntou Jennifer.

— Significa que sua família é o laboratório onde você aprende sobre amizades. Descobrimos nossos gostos, preferências, interesses e estilos em nossas famílias, e isso afeta nossas escolhas durante toda a vida. Mas se nunca trouxermos pessoas que não são da família para dentro do nosso círculo íntimo, algo fica faltando.

— Eu não acho que está faltando algo — disse Jennifer. — Minha família é muito próxima e me apoia.

— Sem dúvida! Mas há dois problemas no que você descreve. Primeiro, todos nós precisamos compartilhar conhecimentos, ideias e fatos afins com outros tipos de pessoas para que possamos ser saudáveis e cresçamos o máximo possível. Sua família não pode fazê-lo experimentar todos os possíveis tipos de música, esporte, cuidado, diversão, estilo de adoração ou restaurantes. Você está limitando seu próprio crescimento e vivendo em um sistema fechado. Segundo, é por causa disso que você está sufocando o Rick e seu casamento. Creio que você tenha medo de suas necessidades de autonomia e espaço e interprete isso como falta de amor e interesse. E não é nada disso! Rick tem realmente dificuldade de se conectar e está trabalhando nisso. Mas as suas necessidades de espaço têm a ver com ele e não com você.

Penso que meu primeiro ponto foi um pouco abstrato, e Jennifer não revelou nenhuma reação. Mas quando ela pensou acerca do segundo, começou a chorar. Perguntei o motivo daquele choro e ela disse:

— Receio estar chateando Rick e que isso o esteja inquietando.

Então Rick ponderou:

— Não me sinto assim! Estou mais apaixonado por você do que antes e não vou a lugar nenhum.

Isso a tranquilizou um pouco. Naquele momento eu disse:

— Rick é louco por você, não é? Então o problema é que você cresceu em uma família que valorizava estar próximo e evitava o mundo exterior.

Isso desencadeou várias memórias da infância de Jennifer. Por exemplo, sua mãe dizia coisas como: "Amigos vêm e vão, mas você sempre vai ter a família" e "O mundo é um lugar desconhecido, em quem você poderá confiar se não na família?" A família dominava tudo, inclusive refeições, noites, finais de semana, férias e feriados. E se Jennifer tivesse algum desentendimento com seus pais por algo que eles quisessem e, no entanto, ela fosse ao cinema com um amigo em vez de estar com eles, eles reagiam como se estivessem sendo feridos, como se ela os estivesse abandonando.

O que começamos a trabalhar em Jennifer foi sua capacidade de ver suas necessidades naturais de autonomia, escolhas, voz ativa e ao mesmo tempo se sentir amada e apoiada. Isso foi algo novo para ela, mas com o tempo ficou animada com o processo. Ela começou a ficar menos medrosa e insegura, mudou o modo de pensar acerca de Rick e sentiu-se mais livre para discordar dele. Finalmente, ela começou a desejar ter novos amigos íntimos, pessoas com quem poderia se relacionar. Não que ela se importasse menos com seus pais e irmãos, mas ela queria mais contatos de fora, mais frescor e mais fontes de energia. E quando começou a se aprofundar nesse tipo de relacionamento, Jennifer finalmente conseguiu dizer a Rick: "Desculpe por fazê-lo se sentir culpado por ter amigos e outros interesses. Agora eu entendo!"

Criado para ampliar

Deus criou você para ampliar seus horizontes de várias maneiras. Você foi feito para progredir e crescer. Isso inclui o desenvolvimento da sua força de caráter, conformação de identidade, descoberta de missões, talentos e construção de seu próprio sistema de suporte social. A família é o lugar original em que esse processo de crescimento se inicia. Mas não é o lugar de finalização. Você foi criado para ampliar fora dela: "Por essa razão, o homem deixará pai e mãe e se unirá à sua mulher, e eles se tornarão uma só carne" (Gn 2.24, NVI). A família prepara você, direciona-o para fora cheio de esperança e, então, você encontra pessoas para estar junto, crescer com o convívio e encontrar um propósito juntos. Este é o grande desígnio. Formar uma vida de associações, confidências e desejo de explorar e crescer emocional, pessoal e relacionalmente, como também no trabalho e missão. A ampliação é contínua por toda a vida. Isso é o que acontece com pessoas que tenham esses antecedentes e processo.

Infelizmente, algumas famílias não incentivam esse tipo de processo, e o indivíduo nunca sai de casa realmente. Algumas vezes, como no caso de Jennifer, a família receia algo externo ao convívio familiar e não incentiva a autonomia. Ou, então, são carentes e precisam do filho — que é a cola que mantém a família unida — para que cuide deles emocionalmente e possam ser mais fortes, pois são frágeis. Por vezes, eles paralisam o filho por não providenciar as ferramentas para seu crescimento e para sempre permanecerem ligados à casa. Qualquer que seja o motivo, o desenvolvimento é impedido e a progressão da família para os amigos não ocorre de maneira correta. Se você vivenciou qualquer uma dessas experiências, procure ajuda — um grupo de crescimento, um mentor, um pastor, um terapeuta — procure assistência e termine com sucesso o processo de sair de casa. Caso contrário, você perderá um grande potencial e alegria que estão disponíveis para você na vida.

Se você, como Jennifer, não sente necessidade de melhores amigos que não pertençam à família, considere a possibilidade de isso ser um problema, que existe um considerável potencial de crescimento em você que irá requerer tais relacionamentos. Procure aquela inquietação dentro de você que diz: "Há um mundo enorme lá fora com grandes pessoas", em vez de "Mas eles me conhecem, é confortável e não há melhor lugar no mundo do que o lar". Ame seu lar, sua família, mas também fomos designados para permitir que amigos, não familiares, entrem nos recantos mais profundos do seu coração e vida. Jennifer tinha amigos, mas a família estava no lugar mais profundo e especial do seu interior. Quando ela permitiu que outros tivessem acesso a esse lugar, a vida tornou-se melhor. Você não estará sendo desleal, nem mesmo abandonando sua família. Estará trazendo mais vida para dentro de sua própria vida.

Ambos os lados

Como mencionei no início deste capítulo, você é felizardo se tem amigos íntimos que também são da família. Tem a vantagem de ter alguém que tem tudo isso com você: atração mútua, valores em comum e o compartilhar de um longo período de história. Isso pode ser uma maravilhosa conexão de considerável significado e alegria.

Infelizmente, isso não acontece com a maioria das pessoas. Algumas vezes é por causa da família e outras por causa da própria pessoa. Por exemplo, de um lado a postura da família em relação à vida, ao crescimento ou aos relacionamentos pode ser tóxica, impossibilitando a pessoa de estar com o espírito desarmado e em ser aberta com a família. Ou então, a família rejeita a pessoa que deseja ser sincera sobre os problemas existentes, como falta de conexão, controle, alcoolismo ou, em casos mais severos, até mesmo abusos. Na verdade, eles rejeitam a pessoa, pelo menos uma parte deles, com uma mensagem implícita de: "Não fale tal coisa em nosso meio". Ou eles simplesmente não se interessarão pela pessoa como alguém que tenha seus direitos. Lembro-me de quando atendi um alto executivo de uma empresa cujos pais esperavam que tivesse se tornado um ministro. Ele havia seguido esse caminho até que se apaixonou pelos negócios e mudou sua trajetória. Seus pais lhe disseram: "O que diremos aos nossos amigos da igreja acerca disso?", o que revelava que eles tinham ficado decepcionados.

Seja pela falta de interesse ou algo mais que nos rejeite, às vezes temos que nos contentar com a pouca intimidade e proximidade que possamos ter. Essa é uma triste realidade. Pode até existir algum tipo de relacionamento, como uma amizade casual, mas você terá que aceitar que os requisitos para se ter um melhor amigo não estão presentes.

Por outro lado, também é um problema quando a pessoa evita a família e não dá atenção em consertar as coisas ou se reconciliar com ela, não proporcionando uma segunda ou terceira possibilidade de aproximação. Infelizmente, isso acontece com frequência no mundo do aconselhamento. O indivíduo se prende às coisas negativas que aconteceram na sua família e em vez de seguir o caminho do perdão, da cura, do choro e da tentativa de reconciliação, ele irá simplesmente se ausentar e procurar se desconectar da família para sempre. Fica estagnado em protesto aos erros que cometeram com ele. Vi isso acontecer por vários anos, mesmo quando a família procurava se desculpar, mudar e superar tais fatos. Isso é triste, pois há apenas uma pequena porcentagem de famílias que são seriamente nocivas. Na maioria dos casos desses distanciamentos prolongados, o problema é a permanência prolongada do indivíduo em uma posição de protesto e, em um nível mais profundo, não desistiu do desejo de a família ser diferente. Muitas vezes ele vai culpar a família pelos seus fracassos e problemas atuais. Em tais casos, ele precisa de um conselheiro que se simpatize com seus pecados atuais, ajude-o a se curar, perdoar, chorar e deixar ir; e, também, incentive-o a ser mais responsável com sua vida e mais cuidadoso com suas escolhas.

Tenho um ótimo amigo, Sean, cujo filho, Jeremy, está na faixa dos 30 anos, é casado e pai de família. Sean cometeu alguns erros como pai de Jeremy, era um pouco distante, inacessível e muito crítico. Entretanto, reconheceu esses erros que cometeu e sentia muito remorso por causa disso. Procurou ter várias conversas sinceras com seu filho para lhe pedir desculpas e começar a agir corretamente. Fez tudo o que se pode pensar para a conciliação. Sean queria mudar as coisas e estabelecer uma profunda amizade entre ambos, como adultos, mas Jeremy não quis nada com Sean. Ele não tinha uma carreira promissora e não percebia suas más escolhas, mas apenas para os erros que seu pai cometera.

Ironicamente, Sean tem talento para orientar e poderia dar a Jeremy excelentes conselhos e ajudá-lo a mudar algumas situações, do mesmo modo que auxilia outros. Mas Jeremy não se interessa e Sean teve que aprender a conviver com esse distanciamento, que dói tremendamente. Ele aguarda e sempre mantém a porta aberta para qualquer atitude de aproximação que Jeremy possa realizar, mesmo assim seguiu em frente e está em contato com outros amigos. Mas isso nos traz uma grande lição: tanto para o sucesso de ambos como para as questões de relacionamento, seria um grande benefício se além de pai e filho eles pudessem ter uma grande amizade.

Dentro e fora

O cenário ideal para amizades com familiares é o "dentro e fora" — tenha melhores amigos dentro de sua família e fora dela também, e não o "um ou outro", como nos casos de Jennifer e Sean.

Faça todo o possível para ter amigos com pessoas da sua família e que sejam do modo que descrevemos neste livro. E, como o apóstolo Paulo nos diz: "Façam todo o possível para viver em paz com todos" (Rm 12.18, NVI). Você é apenas uma parte nesta equação. Você pode influenciar esse modo de pensar em outros que não estejam interessados. Não desista! Esforce-se em seguir um pouco mais.

Mas tenha o cuidado de ver se também está conectado a pessoas que estejam fora da zona de conforto familiar, pois são elas que realmente farão com que as relações na família sejam melhores e mais ricas, do mesmo modo que vida saudável contribui para a saúde. Quando puder, promova encontros entre seus familiares e seus amigos, como também com outros que se gostem, e vocês viverão uma linda experiência de comunhão.

Conclusão

A Influência dos Melhores Amigos

Gostaria de desafiá-lo a se conscientizar de que suas melhores amizades o influenciam e do que pode ser tanto positivo quanto negativo nisso. Influenciar é simplesmente a capacidade de transformar algo pelo poder da energia, dos relacionamentos ou da política. Por definição, você influencia suas melhores amizades e estas a você.

Eles são importantes e o que opinam também. O que eles dizem e como se sentem e se comportam com você, é relevante. Não quero dizer que seja uma questão de domínio, mas a realidade é que as pessoas próximas fazem grande diferença e isso pode modificar a vida ou melhorar o seu sentido para você. Esta seria a influência positiva dos melhores amigos. Eles podem ajudá-lo a se tornar uma pessoa mais saudável, feliz e melhor pelo modo como reagem com você.

Mas os melhores amigos também podem influenciar de modo negativo. Um amigo próximo pode prejudicá-lo ou feri-lo.

Infelizmente às vezes isso acontece. Por exemplo, as pessoas podem ser surpreendidas por um melhor amigo que se torna crítico ou enganador inesperadamente. Ou, se alguém tem um caráter obscuro, talvez haja de modo que você não saiba por que ainda estava oculto. Seja qual for a causa, a influência negativa é inevitável, pois você está vulnerável a essa pessoa. Você lhe deu acesso aos seus valores internos e, por isso, ela tem conhecimento e pode usar essa informação. Aqueles que têm tal acesso podem nos ferir de modo mais profundo. Caso eles não tivessem tal acesso, essa influência não seria possível.

Suponha que você esteja parado em um sinal de trânsito e, sem razão nenhuma, a pessoa no carro ao lado olha para você e grita: "Você é horrível!". Isso provocaria uma reação. Você vai se perguntar se fez algo de errado dirigindo, se aquela pessoa está tendo um dia ruim ou se é simplesmente louca. Mas não será nada além de mais uma história a ser contada durante o resto da semana. Agora, suponha que seu melhor amigo lhe diga que você é horrível. Isso seria um problema. Pois você vai se sentir mal por ele pensar dessa forma e vai se questionar se realmente isso é verdade. Sentirá uma dor por dentro, por saber que de modo profundo fez com que alguém pensasse isso de você. Com certeza vai querer ter várias conversas com ele, e também com outros, para descobrir o motivo e conseguir superar. Não há nada de errado em ser suscetível a isso. Mas esta é uma realidade nos relacionamentos e você pode ter um melhor amigo que venha a agir desse modo. É um desafio!

Comecei este livro contando a história de Rachel e de como seus melhores amigos foram cordas de segurança para ela. Mesmo que não estejamos passando por circunstâncias semelhantes às de Rachel, certo é que todos nós precisamos de cordas de segurança. Boa parte das suas escolhas e direção de vida serão influenciadas pelos seus melhores amigos.

Quando estiver dando sua opinião, escolha suas palavras com cuidado, pois elas são de grande importância para seus melhores amigos. Quando estiver ouvindo a opinião deles, saiba que você poderá ouvir algo que não seja de grande importância. Sejam cuidadosos com seus melhores amigos. Eles não podem ser superestimados.

Seja alguém que se preocupa com muitos, mas que investe profundamente em alguns. Como diz Provérbios 18.24 (NVI): "Quem tem muitos amigos pode chegar à ruína, mas existe amigo mais apegado que um irmão".

Sua vida frutificará tanto hoje como para a posteridade.

Deus o abençoe!

Dr. John Townsend
Newport Beach, Califórnia, 2011.

Guia de Estudos

Introdução

Tendo bons amigos

1. Circule quaisquer das seguintes descrições que correspondem à sua experiência de melhores amizades, ou adicione a sua própria descrição no final. Ao lado de cada declaração circulada, escreva o(s) nome(s) ou as iniciais do amigo(s) de que você se lembrou no momento que leu a descrição:

- Um lugar seguro onde posso ser eu mesmo;
- Umas das poucas pessoas que me faz sentir confortável;
- Um dos poucos que procuro quando preciso de uma ajuda;
- Conhece-me e aceita tudo de mim;

- Têm estado comigo durante os anos de casamento e criação de filhos;
- Eu encontrei Deus de modo profundo através desse relacionamento;
- Ele me ajuda nos momentos difíceis;
- Ele torna minha vida mais relevante;

2. Por que foi importante que no Getsêmani, poucas horas antes da cruz, Jesus estivesse não apenas com seu Pai celestial, mas também próximo aos seus amigos terrenos, Pedro, Tiago e João? (Leia Mt 26.36-38)

____

____

____

____

3. Pense por um momento acerca dessas poucas pessoas especiais em suas melhores amizades e pergunte a si mesmo:

a. *Em que áreas específicas da vida podemos, eu e meu melhor amigo, melhorar para ambos?* Por exemplo, se o seu contato está focado demasiadamente em uma determinada área — como paternidade, casamento ou namoro; quais ainda não foram compartilhadas — saúde física, família de origem, valores espirituais, finanças. Quando irão começar a se aprofundar nessas áreas para enriquecer a amizade?

____

____

____

____

____

b. *Quais os riscos que devemos experimentar para melhorar nossa amizade?*

SENDO UM BOM AMIGO

4. Em oração, leia os seguintes "uns aos outros" selecionados entre os mais de cinquenta que são mencionados no Novo Testamento. Em quais deles você mais precisa trabalhar? (Se você não tiver certeza, decerto um amigo verdadeiro será capaz de lhe dizer!)

Escolha uma destas características e com qual amigo irá cultivá-la esta semana. Em seguida, faça um planejamento e certifique-se de que irá cumpri-lo!

- Marcos 9.50 (NVI) — "e vivam em paz uns com os outros";
- Romanos 12.10 — "Amai-vos cordialmente uns aos outros com amor fraternal, preferindo-vos em honra uns aos outros";
- Romanos 14.13 (NVI) — "Portanto, deixemos de julgar uns aos outros";
- Gálatas 5.13 (NVI) — "sirvam uns aos outros mediante o amor";
- Gálatas 6.2 — "Levai as cargas uns dos outros";
- Efésios 4.32 — "Antes, sede uns para com os outros benignos, misericordiosos, perdoando-vos uns aos outros, como também Deus vos perdoou em Cristo";

- Efésios 5.21 — "sujeitando-vos uns aos outros no temor de Deus";

- Colossenses 3.9 — "Não mintais uns aos outros";

- 1 Tessalonicenses 5.11 — "Pelo que exortai-vos uns aos outros e edificai-vos uns aos outros, como também o fazeis";

- Hebreus 10.24 — "E consideremo-nos uns aos outros, para nos estimularmos à caridade e às boas obras";

- Tiago 5.16 — "Confessai as vossas culpas uns aos outros e orai uns pelos outros".

5. Em Marcos 2.1-12, os melhores amigos do paralítico levaram-no até Jesus, para que Ele pudesse abençoá-lo e curá-lo. Qual dos seus melhores amigos necessitam hoje e de modo especial do toque de cura, de esperança ou de encorajamento de Jesus? Leve esse amigo (ou amigos) até Jesus em oração.

____

____

____

____

1

Amigos, Melhores Amigos e Melhores Amigos para Sempre

Tendo bons amigos

1. Essencialmente, a amizade deve ter três elementos: conhecimento, preferência e presença. Por que cada um deles é essencial?

2. A quem você tem dado acesso aos valores internos da sua vida? O que aprendeu com essa experiência?

3. Veja a lista a seguir. Que tipo de informação acerca de si mesmo você tem mais dificuldade de compartilhar? Quais você tem mais dificuldade de ouvir quando alguém deseja compartilhar? Por que são tão difíceis para você?

- Sonhos
- Segredos
- Valores internos
- Passado
- Feridas
- Sentimentos
- Erros
- Dores de cabeça
- Visões sobre a vida
- Pecados
- Fortalezas

4. Alguns bons amigos são bons amigos em fases da vida. Comente os pontos positivos e negativos dessa realidade. Quais os fatores que contribuem para que alguém se torne um amigo para sempre?

___

___

___

___

5. Você tem condições de ter apenas um melhor amigo ou mais de um? Por quê? E o que você acha sobre ter amigos do sexo oposto?

____

____

____

____

SENDO UM BOM AMIGO

6. Para cada um dos seus melhores amigos, considere o quanto dessa relação é baseada em conhecimento, preferência e presença. Que passos você pode tomar para fortalecer cada um desses elementos nas suas amizades?

____

____

____

____

7. Se você tem um melhor amigo do sexo oposto, que precauções tem tomado para que isso seja apropriado ou que limites devem ser colocados?

____

____

____

____

2

Tomando a Iniciativa

Tendo bons amigos

1. Quem em sua vida você pode categorizar como um amigo e como um melhor amigo? O que as pessoas na lista de melhores amigos fizeram para assim serem chamadas? O que fez você sentir que essas pessoas estavam suscetíveis a novos relacionamentos saudáveis?

2. Quando (e se alguma vez) um melhor amigo ajudou a trazer luz a uma luta que vocês vivenciaram e então evitou que se tornasse um problema maior? Por que melhores amigos são capazes de ter esse tipo de impacto sobre nós?

3. Se você é casado, os momentos que tem com seu melhor amigo (ou os do seu cônjuge com o melhor amigo dele) melhoram o seu casamento? Se você é solteiro, o relacionamento com um namorado já se beneficiou do convívio com seu melhor amigo?

4. Todos nós precisamos ser transparentes com alguém acerca dos nossos pecados, necessidades, erros e emoções. O que permite às pessoas — ou lhe permite — serem abertas em relação a isso? Qual o benefício em escolher ser transparente em uma amizade?

SENDO UM BOM AMIGO

5. Você tem medo de ser vulnerável? Por quê? Como seria enfrentar esses medos na perspectiva do seu amigo? Seja específico sobre as atitudes que você pode tomar para superar esses medos.

6. O que você pode fazer de modo intencional com um de seus melhores amigos para manter e cuidar desse relacionamento? Note como a amizade se beneficiará quando você tomar essas ações intencionais.

3

A Vida É Melhor quando Convivemos com os Outros

Tendo bons amigos

1. Amizade tem duas partes: preferência e vínculo. O que acontece quando você tem uma sem ter a outra?

2. Quando, ao ouvir a história de alguém, você percebeu que o relacionamento teve um crescimento? Para qual relacionamento atual essa experiência o encoraja?

3. Para aprofundar o nosso vínculo com um amigo, é preciso promover a confiança e liberdade. Pense em algumas maneiras específicas para que isso seja feito, alguns dos quais provavelmente exijam que você corra o risco inicial de ir mais fundo nessa amizade.

____

____

____

4. Você já viu alguém ser arrastado para outra pessoa por razões não muito saudáveis ou já vivenciou isso? Por que isso acontece? Que medidas podem ser tomadas para que isso não aconteça?

____

____

____

Sendo um bom amigo

5. Uma maneira de ter bons amigos é ser um bom amigo. Então faça com os outros durante esta semana uma das ações:

- Faça uma ligação sem motivo;
- Tome a frente e revele ao seu amigo sua necessidade de atenção, valorização, aceitação, compreensão ou segurança;
- Aprofunde a conversa compartilhando o que você sente, não apenas o que você pensa. Mencione o que o preocupa, frustra ou entristece;

Depois responda: O que essa atitude modificou?

4

Investindo no Tempo

Tendo bons amigos

1. Por que tanto qualidade e quantidade de tempo são essenciais nas melhores amizades?

2. Os filhos desenvolvem o senso de serem amados e seguros quando *internalizam* pais que são consistentemente calorosos e amorosos. Essa imagem amorosa do pai e da mãe irá alegrá-los e confortá-los nos momentos de estresse. Quem em sua vida trouxe tal contribuição para a sua alma, mesmo que seus pais não tenham feito isso? Dê um exemplo de um melhor amigo que foi internalizado e que o ajudou a dar um passo difícil.

3. "*Melhor amigo* deve ser um título a ser ganho, em vez de uma honra." Você concorda com isso? Por quê?

4. Por que a proximidade e o tempo são tão importantes quando se trata da preservação e fortalecimento da melhor amizade? De que modo os melhores amigos podem compensar a falta de proximidade?

SENDO UM BOM AMIGO

5. Olhe para alguns de seus relacionamentos mais importantes e pense no que você está fazendo em relação a ser surpreendido em certos eventos da vida, ligação emocional e proximidade suficiente para que seja possível falar e ouvir a verdade. Qual amigo que você precisa ver com mais frequência? O que você pode mudar (e cumprir) em sua agenda semanal para que possa encontrar alguém que não vê há algum tempo?

5

Melhores Amigos nas Redes Sociais

TENDO BONS AMIGOS

1. Quanto tempo de contato você tem com seus melhores amigos por meios tecnológicos como mensagens de texto, e-mail e mídias sociais (Facebook e Twitter)? Elas estão permitindo que suas melhores amizades sejam mais fortes? Por quê?

2. Por que a antiga e boa comunicação face a face não pode ser acompanhada pela tecnologia? Especificamente, quais os aspectos da comunicação são perdidos quando nos contatamos via tecnologia? Dê um exemplo de como nossas palavras podem ter um significado completamente oposto sem esses sinais não verbais.

---

3. Pense acerca do lado negativo de conexões digitais. Quando se diz algo negativo ou confrontador sobre você (ou outra pessoa), por que parece ser tão pior do que se dito pessoalmente? Como você, ou alguém com quem esteja conectado, é capaz de esconder acerca de si mesmo, por não querer que saibam que tal fato exista?

---

4. Por que é importante primeiro esclarecer acerca do que se pensa e sente, antes de prosseguir no relacionamento para uma melhor amizade? Descreva o momento em que um melhor amigo o ajudou a esclarecer sobre sua realidade depois que você mesmo tenha refletido sobre o assunto. Se for o caso, descreva um momento em que prematuramente você prejulgou um melhor amigo e depois se arrependeu.

SENDO UM BOM AMIGO

5. O que podemos fazer para nos fortalecer contra a tentação de se esconder por trás da tecnologia ou não ser verdadeiro?

---

6. Ao mesmo tempo que a comunicação digital pode ajudá-lo a ter contato com seus melhores amigos, também é importante certificar-se de que esteja em contato com eles pessoalmente. Como está sua vida agora? Tem se conectado pessoalmente com os novos amigos? E com os de longa data? Seja honesto consigo mesmo, principalmente se você está se escondendo atrás de uma imagem de Facebook ou de mensagens de texto. Qual passo você vai dar esta semana para que haja equilíbrio nos seus contatos virtuais e pessoais?

6

De Imediato!

Tendo bons amigos

1. Você já experimentou a realidade de que os melhores momentos da vida são mais bem vivenciados quando compartilhados com um melhor amigo? E em relação aos momentos ruins, foram menos desesperadores quando você tinha um melhor amigo ao seu lado? Por que você acha que o contato com seus melhores amigos provocou esse efeito?

2. Valorização tem a ver com reconhecer que sua experiência é importante para alguém. Quando a valorização de um melhor amigo foi o que você realmente necessitava? Explique como tal valorização o fez sentir "mais de si mesmo".

3. Quando você precisou que um melhor amigo simplesmente estivesse simplesmente com você? Quando precisou de um melhor amigo para ajudá-lo a sair de um estado de choque, fazer escolhas sábias ou desenvolver um projeto? Comente sobre o que ele proporcionou a você quando estava em crise.

4. Quem você tem como contato imediato, literal ou figurativamente, quando precisa desabafar? Por que essa pessoa? O que esse melhor amigo oferece, mesmo quando você está em uma situação aparentemente impossível?

SENDO UM BOM AMIGO

5. Com qual melhor amigo, se for o caso, você está sem ter contato de modo intencional, por causa de algum problema atual, decepção ou mágoa? Explique com suas próprias palavras por que essas tentativas podem nos tornar importunos e, em seguida, procure entrar em contato com o seu melhor amigo a fim de deixá-lo ciente do que de fato está acontecendo e permitir que essa pessoa possa apoiá-lo.

7

O QUE É MAIS IMPORTANTE

TENDO BONS AMIGOS

1. Alguma vez você percebeu que um melhor amigo tinha valores completamente opostos aos seus e, por isso, escolheu distanciar-se dele? Explique essa decisão.

2. *Princípios fundamentais* são todas as verdades — gostos, amor, responsabilidade, liberdade e perdão — que você usa para guiar todas as áreas de sua vida. Quais são os três ou quatro princípios mais importantes para você? Como você consegue determinar se seus melhores amigos também compartilham tais princípios?

____

____

____

3. *Princípios circunstanciais* são suas crenças acerca da condução de certas áreas de sua vida, como suas finanças, família, carreira, saúde e pontos de vista políticos. Quais as diferenças existentes entre você e seus melhores amigos em relação a esses princípios circunstancias? Por que essas diferenças são benéficas? Por exemplo, você já experimentou o crescimento pessoal por causa dessas diferenças?

____

____

____

4. Se você é cristão, acredita que todos os seus melhores amigos devam ser cristãos também? Por quê? Por acaso isso limitaria o crescimento da intimidade no relacionamento? De que modo essa diferença poderia enriquecer a amizade?

____

____

____

Sendo um bom amigo

5. Com qual dos seus melhores amigos você se distancia de modo intencional por causa dos seus princípios circunstanciais? Explique. Quais princípios fundamentais são prioritários para que você se mantenha ligado aos seus melhores amigos? Se encontrar uma grande diferença nos princípios fundamentais, procure falar com ele acerca disso para determinar se há como preservar ou então reforçar a amizade.

8

Permissão para Ser Sincero

Tendo bons amigos

1. O quanto a crítica sincera dos outros proporciona o nosso crescimento? Dê um exemplo em sua própria vida: Quando as palavras sinceras de alguém provocaram algum tipo de crescimento em você?

2. Melhores amigos são sinceros acerca deles e de outros. Como a honestidade de um melhor amigo a seu respeito pode ser valiosa?

____

____

3. Você foi atingido pela "sinceridade sem graça" ou talvez falou a verdade sem graça? Que lições você aprendeu com essas experiências?

____

____

____

4. Melhores amigos são totalmente sinceros uns com os outros, e isso os leva ao crescimento. Você e seu melhor amigo são cuidadosos um com o outro? Por que isso não é problema — ou, então, por que isso é um problema?

____

____

____

5. O que você pode dizer para ajudar um melhor amigo — ou a si mesmo — em que a verdade não seja condenação, mas sim a expressão de um grande amor?

____

____

____

Sendo um bom amigo

6. Um modelo de honestidade para você e um de seus melhores amigos. Um dia desta semana, peça a ajuda dele para uma de suas áreas da vida, uma em que você não esteja crescendo ou sobre coisas que esteja fazendo que não seja saudável. Para incentivar essa conversa, liste três ou quatro benefícios em relação a ser honesto dentro das amizades.

____

____

____

9

Nenhuma Explicação É Necessária

Tendo bons amigos

1. Em nossas melhores amizades, não há problema se um de nós *não* estiver bem. Quais melhores amigos aceitam seu lado negro? Quais melhores amigos o ajudaram a reconhecer e aprender a ignorar seus julgamentos internos? De quais falhas, pecados e erros específicos os seus melhores amigos são cientes, e mesmo assim o amam e aceitam?

2. Por que é necessário lidar com nossas fraquezas como *problemas* em vez de um motivo de *condenação*?

3. Como a aceitação de um melhor amigo ajuda na identificação da causa do nosso pecado, na resolução dessa questão e não simplesmente lidar com um sintoma?

4. Que parte do processo de redenção divina nossos melhores amigos podem praticar? O ideal é falar sobre quanto nossos melhores amigos têm sido importantes na obra de Deus em sua vida.

Sendo um bom amigo

5. O primeiro passo para o desenvolvimento da aceitação em uma amizade é fazer seu próprio inventário. Faça isso essa semana, identificando os problemas em um lado, as más escolhas do outro, o comportamento doentio que um melhor amigo conhece ou não, ou que seja ao menos ciente. Em seguida, compartilhe isso com a pessoa e admita: "Estou lutando com isso. Preciso saber se você me aceita assim". Você pode até fazer esse inventário junto com a pessoa: "*Você acha que aceitamos os erros e defeitos um do outro? O que podemos fazer para melhorar isso?*"

10

Família, Amigos e Amigos da Família

Tendo bons amigos

1. Sua família é o laboratório onde você aprende acerca das amizades. O que o relacionamento com seus pais e irmãos lhe ensinou sobre ter e ser amigo?

2. Assim como os relacionamentos familiares são importantes, todos nós precisamos partilhar com outros tipos de pessoas se desejamos ser o mais saudáveis e desenvolvidos possível. O que você tem aprendido acerca de si mesmo e desse grande mundo — com todas as suas variáveis — que não experimentou enquanto esteve no laboratório familiar?

____

____

____

3. Por que a falta de vontade em ter melhores amigos não familiares é indicação de desenvolvimento pessoal não completo ou um potencial inexplorado? Por que isso é um problema?

____

____

____

4. Você é abençoado por ter amigos que são da família? Se assim for, o que contribuiu para que você tivesse esses relacionamentos? Se não tem, seja sincero e procure saber se os motivos têm mais a ver com você ou com sua família.

____

____

____

5. Talvez os seus familiares não sejam amigos próximos por falta de perdão. Se for esse o caso, o que o está impedindo de entrar no processo de perdão, de cura e de reconciliação?

____

____

____

SENDO UM BOM AMIGO

6. O cenário ideal para amigos na família é "dentro e fora": é ter melhores amigos tanto dentro da família quanto fora dela.

O que você pode fazer para ser um melhor amigo de alguém da sua família? Escolha um membro da família, selecione um passo a seguir e se esforce de modo intencional para na próxima semana, ou assim que for possível, aproximar-se mais dele.

____

____

____

Conclusão
A Influência dos Melhores Amigos

Tendo bons amigos

1. Por que é tão importante estar ciente da influência — positiva ou negativa — dos seus melhores amigos?

2. Quais exemplos vêm à sua mente de imediato quando você pensa acerca de como seus melhores amigos mudaram sua vida? Todas as mudanças foram para melhor? Por quê?

3. O que você acha desta declaração: "Todos nós precisamos das cordas de segurança dos melhores amigos. Seja uma pessoa que se preocupa com várias outras, mas invista em algumas"? Quão fácil ou difícil é seguir esse conselho?

____

____

____

4. O que você mais apreciou neste livro acerca de melhores amigos para sempre?

____

____

____

SENDO UM BOM AMIGO

Volte e leia cada um dos exercícios do "SENDO UM BOM AMIGO". Quais o ajudaram mais? Como você pode agir para que tais atitudes sejam de longo prazo?

Notas

Introdução

[1] Tom Rath, *Vital Friends: The People You Can't Afford to Live Without* (Nova York: Gallup Press, 2006), Kindle edition, capítulo 3: "Better than Prozac?" e Farouk Mookadam e Heather M. Arthur, "Social Support and Its Relationship to Morbidity and Mortality After Acute Myocardial Infarction", *Archives of Internal Medicine* 164 (2004): 1514–1518.

[2] Alina Tugend, "Peeking at the Negative Side of High School Popularity", *New York Times*, 19 de junho de 2010, B6.

Capítulo 3

[1] Escrevi mais a respeito do vínculo em meu livro *Loving People: How to Love and Be Loved* (Nashville: Thomas Nelson, 2007).

Capítulo 4

[1] Robert Lee Holtz, "The Really Smart Phone", *Wall Street Journal*, 23 de abril de 2011.

Capítulo 8

[1] Henry Cloud e John Townsend, *Boundaries: When to Say Yes, When to Say No, to Take Control of Your Life* (Grand Rapids: Zondervan, 1992). Henry Cloud e John Townsed, *Limites, Como dizer sim e como dizer não*. (Editora Vida: São Paulo, 2010).

[2] Jim Collins, *Good to Great* (Nova York: Harper Business Books, 2001).